밈코인
하고
자빠졌네

인생 역전
대박 코인 레퍼토리

밈코인
하고
자빠졌네

눈먼시계공 지음

만 배 오른 밈코인으로
롤렉스 13개의 주인이 된 남자 이야기

여의도
책방

어서옵셔 밈코인 세계로

지금부터 여러분은 완전히 새로운 세계를 경험하게 될 거예요. 우선 저 자신을 소개하죠.

눈먼시계공입니다. 이렇게 공손하게 말하려니 굉장히 어색하네요. 책을 써보자는 말을 듣고 "내가 그걸 왜 해요" 하며 저항하던 때가 생각이 납니다. 이건 내 스타일이 아니거든요. 아마 출판사에서는 제가 끝까지 이렇게 순하게 쓰는 걸 원할 테지만, 그것도 여기까지. 그냥 편하게 얘기할게. 밈코인(Meme Coin) 세상은 완전히 다른 세계니까.

밈코인 해서 롤렉스 열세 개

앞으로 리처드 도킨스의 『눈먼 시계공』(Blind Watchmaker)이라는 책과 『이기적 유전자』(Selfish Gene)라는 책을 자주 인용할 거야. 밈(MEME)이라는 말이 『이기적 유전자』에서 처음 등장했거든. 『눈먼 시계공』은 밈이 퍼져나가는 원리에 대한 책이기도 하고.

난 시계를 수집해. 롤렉스가 열세 개 있어. 부자냐고? 어떤 기준으로는 부자지. 어떻게 돈을 모았냐고? 코인으로. 지금부터 그 얘기를 할 거야. 나같이 쥐뿔도 없고 배움도 짧은 놈이 어떻게 눈먼 돈을 벌었는지. 사실 난 돈 번 놈들이 돈 번 자랑하는 게 제일 싫어. 그런데 나도 그짓을 하고 있네.

이건 다 출판사 때문이야. 책 한번 쓰자고 들러붙어서 말야. 내가 왜 그걸 하냐고 버텼지. 내가 책이란 걸 마지막으로 읽은 게 몇 년 전인데. 나도 읽지 않는 책이라는 물건을 왜 쓰냐고 했지. 출판사 말이, 눈먼 돈 그렇게 벌었으면 좀 풀라는 거야, 사람들한테. 헉. 띵 하고 뭐가 오더라고.

내 얘기를 듣고 밈코인이나 코인을 시작한다면 말야, 이거 하나는 알고 들어와. 돈이 쉽게 벌리지는 않아. 난 운이 따랐지. 혹시 들어봤나. 도지코인. 코인판에서도 도지코인은 별종이야. 얘가 내 첫 번째 롤렉스를 사줬어.

내 돈을 만 배 불려준 도지코인

도지, 들어도 딱히 뭔지 모르겠지? 도지는 새끼 개야.

욕인 줄 알고 놀랐어? 근데 얘는 진짜 개(Dog)야. 'DOGE'는 'DOG'를 의도적으로 틀리게 쓴 거거든. 왜 고치지 않냐고? 왜 고쳐야 하지? 그냥 개라고 하는 거보다 개새끼라고 하면 눈에 더 확 들어오잖아. 도지코인은 처음에 가격이 0.000 하고도 뒤에 0이 몇 개 더 붙은 상태에서 시작했어. 물론 달러 기준으로. 그게 한때 0.5달러를 넘었다고. 천 배 또는 만 배 먹은 사람이 나왔지. 그 누구야, 김만배. 정치 뉴스에 자주 등장하는. 부동산 해먹었다고 주장되어지는 아저씨. 난 그 아저씨 이름이 귀에 쏙쏙 박혀. 만배. 좋잖아. 도지코인이 내 돈을 만 배 불려줬어. 하, 이거 봐라. 이게 돈이 된다. 엄마한테 등짝 처맞으며 설움받던 것도 끝이다. 용돈도 드리고, 외국 여행도 보내드리고, 차도 한 대 뽑아드리고… 했을 거 같아? 아니. 엄마 모르게 롤렉스 하나 사고 입 닦았지.

내가 공부는 떨어져도 감 있다는 얘기는 들었거든. 이런 기회가 또 언제 올지 몰라. 내가 좋아하는 김성근 감독이 그랬어. 이기고 있을 때, 연승일 때가 제일 위험하다. 돈 좀 벌었다고 깝치고 다니면 안 되는 거야. 인스타에 코인으로 차 샀다고 올리는 놈들이 있어.

나도 아는 애들이야. 코인으로 돈 좀 만진 애들이지. 그런 놈들은 둘 중 하나야. 짭새들한테 따여서 경찰서 들락거리거나, 텔레그램방에서 욕 미친 듯이 먹어. 왜? 걔들이 만진 코인이 골로 갔거든. 이 자식들 포르쉐 몰고 다니고, 떼달리기 하고, 사진 찍어 올리고. 모를 줄 알지? 세상에 눈이 천 개, 만 개야. 그중에 서울대 나온 놈도 하나 있어. 암호화폐 개발자라며 여기 저기 유튜브도 나오고, 지가 유튜브 채널도 열었어. 지랄발광 잘났다고 떠들더니, 찍은 코인이 폭락한 거야. 빡 오른 투자자 하나가 인스타에 올린 그 자식 외제차를 찾아냈어. 욕 바가지로 먹고. 서울대면 다냐. 등신. 얼굴하고 이름을 왜 까냐.

　　출판사에서 도지코인으로 얼른 돌아가제. 옆길로 새지 말고. 그러니까 도지코인은… 잠깐만, 근데 일을 이렇게 하지 말자. 도지로 돈 번 얘기는 내가 할 테니, 도지가 어떻게 나왔고, 머스크 형님이 이 코인에 꽂힌 이유가 뭐고 이런 거는 출판사에 써달라고 해야겠어. 이것저것 조사하고 정리하는 거는 내 스타일 아니거든. 우리 독자님들은 도지코인으로 롤렉스 산 그 다음이 더 궁금하지 않을까?

3장. 추앙하라! 눈먼 시계공이 만든 밈코인들

4장. 돈을 그렇게 쉽게 번다고?

5장. 그렇다면 나도 한번

1
밈코인의
시작
도지코인

1

도지코인 탄생 계기

> 도지코인(Dogecoin)은 2013년 12월 6일에 탄생한 암호화
> 폐로, 처음에는 단순한 농담으로 시작되었습니다. 소프
> 트웨어 엔지니어 빌리 마커스(Billy Markus)와 잭슨 팔머
> (Jackson Palmer)는 비트코인의 복잡성과 진지함을 희화화
> 하기 위해 도지코인을 만들었습니다. 일본 시바견의 사진
> 을 이용한 인터넷 밈인 '도지(Doge)'를 마스코트로 삼아,
> 사용자들에게 친근하고 가벼운 이미지로 다가가고자 했
> 습니다.

이 해설에 내가 주석이라는 걸 달아볼게. 비트코인은 2008년
에 나왔어. 사토시 나카모토라는 가명을 쓰는 사람이 만들었다고 전
해져. 비트코인은 아주 요상한 기술을 부려. 코인 발행량을 2100만
개로 묶어놨거든. 누가 무슨 짓을 해도 비트코인은 2100만 개만 존재

해. 물론 비트코인과 유사한 이름을 가진 짝퉁 비트코인을 만들 수도 있어. 근데 그건 오리지널이 아니지. 오리저널이 중요해. 롤렉스도 최초의 모델, 오리지널이 제일 좋아. 리세일할 때도 무슨무슨 신기술을 붙였네 어쩌네, 다 필요 없어. 그냥 오리지널이 최고야. 이 점을 꼭 기억해야 해. 밈코인으로 돈을 벌고 싶다면 말야. 쉽게 말해 원조 족발집이지. 진짜 원조, 최초 원조, 원조의 원조. 다 필요 없고, 내가 원조임을 세상 사람들이 다 아는 그런 원조. 비트코인은 2100만 개 하나하나가 그런 원조의 DNA를 품었어.

도지코인은 이걸 역이용한 거야. 도지코인은 무한히 발행되거든. 이게 무슨 개소리? 진짜야. 도지코인을 만든 개발자들은 비트코인의 문법, 코딩이라고 하지, 그 문법을 정반대로 했어. 비트코인이 발행량을 한정했어? 그럼 도지코인은 발행량을 무한대로 하자. 비트코인은 발행량이 딱 정해져서 인기라면, 도지코인은 발행량이 무한대라서 인기야. 당최 무슨 소리인지 모르겠다고?

도지코인을 만든 사람들은 이 코인이 이렇게 성공할 거라고 단 한 번도 생각해 본 적이 없어. 그 증거로 개발자들 자신이 현재 도지코인을 거의 가지고 있지 않아. 이 코인이 성공할 거라고 애초에 '계획'했다면 도지코인을 조금 남겨놨겠지. 도지코인 개발자들은 그러지 않았어. 나중에 도지코인이 뜨고 나니까, 사람들이 개발자들에게 고맙다며 선물한 코인을 약간 얻었을 뿐이야. 다시 말해서 도지코인은 실수로 성공한 거지. 실수가 성공을 만든 거야. 애초에 비트코인을 비트는 게 목적이었고, 비트코인이 성공을 하니까, 그걸 비튼 도지코인도 주목을 받게 된 거라고.

밈코인 세계에서는 이런 식으로 비틀기가 많아. 세상에 나온 모든 정상적인 것, 올바름, 상식, 이런 것을 비틀지. 옛날에 심형래라는 유명한 코미디언이 있었는데, 형래 아저씨가 그랬어. "세상을 우끼고 싶나? 그럼 세상과 반대로 행동하면 된다." 물을 벌컥벌컥 마시면 안 우낌. 물을 마시다 주르륵 흘려야 재밌음. 영구는 바보임. 사람들은 천재를 보고는 웃지 않음. 자신이 잘났다고 떠드는 사람들에게는 웃지 않음. 내가 바보인데 바보가 아닌 척 정상적으로 행동하려는 어색함이 웃긴 거임. 도지코인도 비트코인을 완전히 뒤집어서 '우끼고 있네' 소리를 들으려고 만든 코인이야. 지금도 도지코인은 웃기는 코인 취급을 받기도 해. 이런 게 무슨 블록체인 코인이냐고 비하하는 사람들이 있다고. 지들은 얼마나 잘나서.

2

만들고 떠난 창시자들

도지코인의 창시자는 빌리 마커스와 잭슨 팔머입니다. 빌리 마커스는 IBM에서 소프트웨어 엔지니어로 일했으며, 잭슨 팔머는 어도비의 마케팅 전문가였습니다. 이 둘은 트위터와 온라인 커뮤니티를 통해 처음 만났고, 팔머의 도지코인 아이디어에 마커스가 기술적 지원을 제공하면서 도지코인이 탄생했습니다.

이 조합을 잘 봐야 해. 도지코인 아이디어가 실현되는 과정에는 세 가지 요소가 있었어. 첫째, 이들이 비틀어야 할 대상인 비트코인. 둘째, 비트코인을 비틀자는 원천적 아이디어. 셋째, 그 아이디어를 구현할 기술자. 오잉. 뭔가 빠지지 않았나. 코인을 만들었으니 마케팅도 하고 홍보도 하고 해야 하잖아? 그런데 그런 것 자체가 없었

어. 도지코인이 밈코인의 원조인 이유도 바로 그거야. 도지코인은 별
도의 홍보 없이 스스로 살아서 돌아다녔거든.

앞에서 말한 것처럼 비트코인이 없었으면 도지코인도 없었
어. 비틀 대상이 없으면 비틈이라는 게 생길 수 없으니까. 그렇다면
무엇을 비틀 것인가를 생각해 봐야지. 앞으로 여러분이 밈코인을 만
든다고 생각해 봐. 뭘 비틀고 싶어? 도지코인 개발자들은 당시에 그
렇게 인기가 많진 않지만 이제 막 주목을 받기 시작한 비트코인을 대
상으로 삼았어. 왜 그랬냐구? 그냥 심심해서. 진짜야. 재미삼아 한 거
야. 의도적으로 밈코인을 만든다고 하면 어떻게 해야겠어? 일단 뭐
든 비틀어? 그것도 나쁘지 않아. 지금 밈코인 세계에는 도지코인 같
은 우연성보다는 의도성이 부각되거든. 무엇을 의도할 것인가는 이
책을 다 읽으면 알게 될 거야. 돈이 그렇게 쉽게 벌리는 거 아니라고
했지? 여러분, 인내심을 가지세요.

두 번째로 넘어가자고. 그럼 비트코인을 따라하지 않고, 비틀
어야겠다고 생각한 이유는 뭘까. 여기서 마커스의 얘기를 들어봐야
해. 이 아저씨가 약간 똘기가 있는 것이, 2013년에 비트코인이 새롭
게 주목을 받았거든. 그때 암호화폐 시장은 사실 개판이었다고. 뭐든
새롭다고 하는 것들이 나오면 똥파리 같은 놈들이 끼어들거든. 마커
스는 순진한 건지 순진한 척하는 건지, 비트코인을 좋게 봤는데 자꾸

이상한 놈들이 분탕질을 치니까 '이 새끼들 잘 먹고 잘 살아라' 이런 심정으로 개를 테마로 한 코인을 생각한 거야. 그리고 비트코인을 완전히 비튼 거지. 여기서 마커스가 좀 멋있는 걸 해. 도지코인을 만든 후에 해당 프로젝트에서 완전히 손을 떼버려. 도지코인이 초기에 인기를 얻으면서 오리지널 개발자로서 강력한 영향력을 행사할 수 있었는데, 그렇게 하지 않았다고. 이건 비트코인을 만든 사토시 나카모토와 같아. 오마주를 한 거지.

우리는 사토시라는 인물이 누구인지 추측만 할 뿐 정확히 누구인지 몰라. 비트코인을 만들고, 그 유명한 비트코인 설명서(백서)를 썼어. 사토시가 한 명의 실존 인물인지, 그룹인지, 살았는지 죽었는지도 모른다고. 멋지지 않아? 비트코인이 지금 시가총액이 1조 달러가 넘어. 1300조 원이 넘는 엄청난 가치의 디지털 화폐를 만들어 놓고 홀연히 사라진 거야. 사토시가 만든 백서는 암호화폐의 성경 같은 거야. 블록체인, 암호화폐를 공부하는 사람이라면 반드시 읽는다고. 심지어 나도 읽었어. 무슨 말인지 정확히 모르겠지만 딱 하나 꽂히는 표현이 있었어. 내 식으로 풀어서 얘기하면 이거야. "내가 내 돈을 쓴다는데, 너희들이 웬 참견이야. 지금부터 우리는 우리가 만든 돈 비트코인을 쓰기로 선언하노라."

비트코인 백서(bitcoin.org)에는 이런 내용이 나옵니다. "물리적 통화(Currency)를 사용하는 대면 거래 외에, 신뢰받는 당사자 없이 통신 채널로 이런 비용과 결제 불확실성을 피할 방법은 존재하지 않는다. 필요한 것은 신뢰 대신 암호학적 증명 (Cryptographic proof)에 기반해, 거래 의사가 있는 두 당사자가 신뢰받는 제삼자를 찾지 않고 서로 직접 거래하게 하는 전자 결제 시스템이다."

도지코인 개발자도 그걸 흉내 낸 거지. 비트코인을 비틀었지만, 그걸 만든 창조주에 대해서는 경의를 표했다고 해야 할까. 도스토예프스키가 쓴 『카라마조프 형제들』에도 나오잖아. 예수가 세상에 다시 왔어. 그러니까 성직자들이 예수한테 이렇게 말해. 다시 돌아가라고. 세상은 당신이 언젠가 올 거라는 데만 관심이 있지, 실제로 당신은 오면 안 된다고. 왜? 성직자들이 세상을 해처먹어야 하거든. 마찬가지야. 비트코인 창시자는 그냥 사라지는 게 좋아. 뭔가 신비감도 있고. 도지코인 개발자도 비슷한 행동을 한 거지. 멋짐은 유행이 돼. 이 부분도 중요해. 밈코인은 뭔가 멋져야 해. 쿨한데, 짱인데, 힙한데, 이런 거.

마지막으로 기술자. 이 부분이 밈코인을 키우는 데 마지막 걸림돌이야. 우리가 아는 모든 밈코인은 블록체인이라는 기술에 기반해. 이게 너무 어려워. 이걸 내가 여기서 일일이 얘기하면 사람들이 웃어. 나는 기술자도 아니고, 대삐리도 아니니까. 일단 그냥 블록체인 기술이 있고, 그게 마술을 부린다고 믿고 넘어가자고. 문제는 이 기술이 대중적이지 않기 때문에 이걸 쬐끔 먼저 안 놈들 중에 일부가 분탕질을 해먹었어요. 아까 얘기한 서울대 놈도 그런 놈이야. 지들이 좀 안다고 무슨 학회 같은 걸 만들어서 지들끼리 해처먹었다고. 블록체인으로 그럴듯한 코인을 찍어서 다단계처럼 팔아먹고 튄 놈들도 부지기수야. 그래도 밈코인을 만들려면 기술자가 필요해. 도지코인은 마커스가 있었지. 도지코인은 밈코인 설계도 의외로 쉬웠어. 비트코인 코드를 정반대로 바꾸면 됐거든.

여러분이나 나처럼 코딩도 모르고 기술도 모르는 사람들은 밈코인을 어떻게 만들어? 이게 혁신이지. 밈코인을 만들어 주는 사이트가 있어! 그 사이트 이용법만 알면 당장이라도 밈코인을 만들 수 있다고. 됐네. 끝. 이 책 더 읽을 필요 없네. 그 사이트 이용 안내만 읽으면 되니까.

그럼 도대체 나는 왜 이 책을 쓴 걸까. 여러분들이 그 사이트를 보면 욕이 나올 거임. 뭐가 뭔지 하나도 모를 테니까. 밈코인의 세계는 일상과는 약간 다르다고. 별 미친 자식들이 넘치는 곳이라서. 따라서 훈련이 필요해. 아, 이 놈들이 이런 지랄을 하는 이유가 이래서구나. 그걸 책으로 미리 연습한다고 생각하면 되시겠사옵니다.

3

도지코인 커뮤니티

도지코인이 인기를 끈 이유는 여러 가지가 있습니다.
첫째, 커뮤니티의 힘이 컸습니다. 도지코인 커뮤니티는 자
선 활동과 기부 캠페인으로 유명해졌습니다. 예를 들어
2014년 소치 동계 올림픽에 출전할 자금이 부족했던 자메
이카 봅슬레이 팀을 지원하기 위해 도지코인 기부 운동이
벌어졌습니다.
둘째, 다른 암호화폐에 비해 거래 수수료가 낮고, 전송 속
도가 빠르다는 점도 매력적이었습니다.
셋째, 소셜 미디어와 유명 인사들의 언급으로 대중의 주목
을 받았습니다.

중요한 단어가 나왔어요. 커뮤니티. 암호화폐와 밈코인에서
는 이 말이 곧 돈이야. 커뮤니티가 큰 코인은 가격도 높아. 커뮤니티

가 커야 뭘 해도 다 돼. 쉽게 말해서 쪽수가 많아야 한다고. 커뮤니티가 커야 암호화폐 거래소 상장도 돼. 밈코인도 마찬가지야. 밈코인을 만드는 건 커뮤니티를 만드는 것과 같아. 밈코인은 그냥 전자적 표현일 뿐이고, 커뮤니티가 실체인 거지. 사람들의 모임을 돈으로 바꾼다고 생각하면 간단해.

사람들의 모임을 돈으로 바꾼 최초의 사업이 뭐게? 종교야. 뭘 믿든 상관없어. 신도들을 모으면 돈이 돼. 언더스탠? 종교는 위안과 영혼의 안식을 준다고? 밈코인도 위안과 안식을 줘. 기대를 주지. 내가 가진 밈코인이 나를 롤렉스의 세계로 인도하시리니….

도지코인도 처음에는 아주 간단한 일들을 여러 사람이 했어. 뭔가 거창한, 인류사적으로 의미 있는 일을 한 게 아냐. SNS에서 누가 그냥 제안을 하나 해. '이런 거 해봅시다' 이렇게. 다른 사람들이 '우와, 재밌겠다, 해보자' 했어. 근데 이게 어떻게 커다란 커뮤니티로 성장했을까?

조작이야. 커뮤니티 사람들의 머릿속에 밈을 심는 거지. 이건 또 무슨 개소리. 나한테 무슨 이득이 있다고 내가 자메이카 봅슬레이 팀을 지원하지? 나한테 무슨 소득이 있다고 아프리카 굶주리는 아이들에게 돈을 주지? 인류애? 말도 안 되는 소리 하네. 아프리카 가봤어? 국제 자선 단체에서 매달 받아 가는 2만 원 기부금 중에 그 아이들에게 실제로 지원되는 게 얼마게. 2000원도 안 될걸. 자선 단체들 돈벌이하는 거야. 길거리에서 스티커 붙여 달라고 하는 사람들이 마음에서 우러나서 자원봉사하는 거겠어. 일당 받고 하는 거라고. 스티커를 붙이는 단순한 행동을 유도하고 우리 머릿속에 '인류애'라는 밈을 심어서 우리 돈을 가져가는 거라고. 이게 왜 인류애인지, 이게 왜 재미있는지 우리 머리는 최초에는 잘 몰라. 자극적인 영상과 이미지를 보여주고 그게 재미있다고 자꾸 하니까 재미있다고 느끼는 거야. 아프리카 어린이들이 울면서 쓰레기 더미를 뒤지는 유튜브 영상. 난 그걸 보면 구역질이 나. 그런데 많은 사람들이 '어린애들이 무슨 죄가 있다고…' 하면서 기부금을 낸다고. 그 돈의 90퍼센트는 그 영상을 만든 기부금 단체 주머니로 가는 거야. 기부금을 내는 게 인류애적인 행동이라고 하니까, 인류애라고 느끼는 거라고. 그게 밈이야. 조작이지.

커뮤니티는 거대한 조작의 산물이야. 내가 그 안에 들어가서 조작을 당하면 그게 재미있고, 그게 인류애가 되는 거야. 답 나왔지. 가능한 많은 사람들을 조작해서 같은 생각과 같은 행동을 하도록 만드는 것. 그게 커뮤니티의 원리야. 내 머리가 조종당하는 거야. 독자 여러분, 여러분은 이미 내가 쓴 글을 읽으면서 내가 뿌린 밈에 젖어드는 거라구요. '아, 이 미친 놈이 뭔 소리야. 이런 말도 안 되는 책을 누가 만들었어' 하며 욕해도 좋아. 이 책은 지식을 전달하려고 쓴 게 아니야. 밈이 만들어지는 노골적인 과정을 책을 읽으면서 체험하게 될 거야. 내가 왜 반말을 섞어가며 책을 쓰냐면, 이 책의 모든 내용에 대해 독자 여러분이 객관화 과정을 꼭 거치기를 바라기 때문이야. '이 미친 새끼가 하는 말을 내가 왜 읽는 거지' 이런 자각을 하면서 읽었으면 해. 거리두기지. 이 책은 그 자체로 밈이지만, 밈에 대한 비판도 담겼어. 밈에 완전히 전염되지 말라고.

도지코인과 유사한 밈코인이 생명력을 갖고, 거대한 커뮤니티를 이루고, 내 돈을 만 배 불려준 과정을 구경시켜 드릴 텐데, 그런 밈 자체는 객관화할 필요가 있어. '내가 그걸 왜 해야 하는데?' 반발심이 들어? 우리 주변 도처에 밈이 있거든. 여러분은 그게 밈인지도 모르고, 조작된 사실들을 받아들인다고. 밈코인 현상을 제대로 느끼고 싶으시다면 킵 고잉. 책장을 넘기세요. '하. 이런 미친 놈. 이걸 계속 읽어야 하나' 이런 생각 들지? 진짜 미친 놈 얘기가 곧 나와. 일론 머스크.

4

도지파파 일론머스크

> 도지코인의 인기에 크게 기여한 인물 중 하나는 테슬라와
> 스페이스엑스의 CEO인 일론 머스크(Elon Musk)입니다. 머
> 스크는 엑스(전 트위터)에서 도지코인을 자주 언급했으며,
> 그 덕분에 도지코인의 가격이 급등하기도 했습니다. 특히
> 2021년에는 도지코인을 '사람들의 암호화폐'라고 칭하며,
> 도지코인으로 암호화폐의 대중화를 촉진하고자 했습니
> 다. 머스크의 이러한 발언들은 도지코인의 인지도를 높이
> 는 데 큰 역할을 했습니다.

일론 머스크는 스스로를 도지 파파(DOGE papa)라고 부른 적
도 있어. 자기가 도지코인의 아빠라는 거야. 도지코인이 급등하던
2020년, 머스크는 수시로 트위터에 글을 썼어. 머스크가 트위터에
한 줄 올리면, 코인값이 폭등했다고. 그때 내 첫 롤렉스도 만들어진

거지. 난 머스크가 좋아. 그렇다면 머스크는 왜 도지코인에 빠졌을까? 이미 세계 최고 부자인 사람이 코인으로 돈을 더 벌겠다는 것도 아닐 테고. 머스크는 크게 세 가지 종류의 사업을 하잖아. 지상에서는 테슬라 자동차가 달리고, 하늘에서는 스페이스엑스 로켓이 화성 탐사를 준비 중이지. 그리고 인터넷 세상에서는 트위터, 지금은 이름을 엑스로 바꾼 SNS를 경영해. 하늘, 땅, 그리고 가상세계. 이 셋을 연결할 방법이 뭘까? 돈이야. 머스크는 이 셋을 하나로 합친 거대한 엑스를 꿈꾸는 미친 놈이야.

우주 화폐로써의 가능성

머스크가 처음에 큰돈을 번 게 전자결제 업체 때문이야. 페이팔 알지? 그게 이 양반 손에서 나왔더라고. 우리나라에도 무슨무슨 페이 업체들 많잖아. 그 원조가 페이팔이야. 머스크가 1999년에 엑스닷컴이라는 회사를 만들었는데, 이게 페이팔과 합병을 하면서 머스크가 진짜 큰돈을 벌었어. 이 돈으로 테슬라에 투자를 하지. 머스크는 처음에는 테슬라 경영을 하지 않으려 했어. 결국 자기가 CEO가 됐지만. 머스크가 진짜 개고생해서 전기차, 자율주행차를 성공시키려던 무렵에 스페이스엑스도 같이 운영했어. 머스크는 지구 규모로 사업을 벌여. 심지어 스페이스엑스는 화성 탐사가 목적이잖아. 우주적 단위로 비즈니스를 하는 거지. 최대한 많은 사람이, 최대로 광대한 영역에서 단일한 목표로 뭔가를 한다? 어디서 많이 듣던 얘기 아냐. 커뮤니티지. 머스크는 그 커뮤니티 이름을 '엑스(X)'라고 명명한 거야. 트위터를 인수한 후에 돈을 처들여서 엑스라는 회사 이름하고 인터넷 도메인을 샀다고. 왜 엑스냐. 알파벳 문자 엑스는 미지의 숫자를 뜻하잖아. 궁극의 수수께끼, 마지막으로 풀어야 할 최후의 문제. 내가 경험한 서양애들은 딱 하나 공통점이 있어. 얘네들은 결국 세상의 끝을 믿어. 직선이지. 동양애들은 곡선이야. 세상이 돌고 돈다는 걸 무의식적으로 이해한다고. 서양애들은 종말관이 있어. 예수도 그런 말을 했잖아. 결국 심판의 날이 온다고. 머스크가 엑스라는 말에 집착하는 이유도 그게 최후의 문제, 지상에서 마지막 것이기 때문인 거 같아.

커뮤니티를 묶는 가장 좋은 수단은 결국 돈이야. 머스크는 도지코인이 자신의 엑스에서 널리 사용되기를 원해. 발행량도 무한하고, 직관적이고, 이미 상당한 규모의 커뮤니티가 있으니까 엑스 세계관으로 끌어들이기 좋다고 생각한 거지. 먼 훗날 화성에 사람들이 정착해 살 때 경제 활동을 할 텐데, 그때 통용되는 화폐를 뭘로 할 것인가, 고민이 되겠지. 화성에서도 달러를 쓸까? 아닐걸. 미국이

지구에서나 대장이지, 인류가 화성에 갈 때는 전 인류적인 힘이 필요할 텐데 그걸 미국이 주도한다고 하면 중국이 참 좋아라 하겠다. 머스크가 중국하고는 친하잖아. 다 이유가 있다고.

머스크가 도지코인에 얼마나 열성이었냐면, 테슬라 자동차를 도지코인으로 살 수 있게 하겠다고 선언했어. 테슬라 홈페이지에서 결제창을 보면 도지코인 결제를 위한 코드도 숨겨져 있다고. 테슬라는 도지코인을 실제로 받아. 테슬라가 만든 각종 기념품 중에 어떤 건 가격표에 아예 도지코인이 표시돼 있기도 해. 나중에 자동차도 도지코인으로 살 날이 오겠지. 지금은 미국에서 도지코인을 돈으로 인정하지 않으니까, 머스크도 이걸로 장사를 할 수는 없어. 머스크가 운영하는 SNS 엑스에서도 도지코인을 결제 통화로 쓰겠다는 얘기가 있어. 머스크는 엑스를 모든 앱들의 집합체로 만들고 싶어 해. 여기서 메시지도 주고받고, 물건도 구매하고, 화상 통화하고, 토론도 하는 공간을 꿈꾼다고. 이런 활동을 하려면 전자 돈이 필요해. 디지털 머니. 이게 뭐랑 똑같냐면 별풍선 주는 거야. 내가 좋아하는 사람이 라이브 방송을 해. 후원금을 주고 싶어. 지금은 별풍선을 사서 주지. 근데 별풍선은 아프리카TV에서나 쓰는 거고 전 세계적인 규모, 나아가 화성에서도 통용되는 전자 돈이 있어야 할 거 아냐. 머스크는 도지코인을 그 후보로 본 거야. 스케일이 다르지?

머스크는 처음에는 비트코인을 그런 전자 돈으로 봤던 거 같아. 그래서 2020년 말에 테슬라가 직접 회사 돈으로 비트코인을 샀어. 코인에 진심인 코인 매니아들이 난리가 났지. 이때 도지코인도 같이 떴다고. 그런데 머스크는 변덕이 심해. 얼마 있다가 머스크는 비트코인을 버렸어. 원래는 테슬라 자동차 매매도 비트코인으로 하게 한다고 했는데, 비트코인을 배신한 거야. 이유는 비트코인 네트워크를 운영할 때 화석연료를 너무 많이 쓴다나. 비트코인을 유지하기 위해서는 전기가 필요한데 그 전기를 만드는 데 석탄, 석유를 쓴다는 거지. 이것도 웃기는 게, 그럼 테슬라 자동차 충전할 때는 원자력이나 태양열 전기만 쓰나? 아무튼 머스크가 비트코인을 버리면서 대안으로 급부상한 게 도지코인이야. 이 무렵에 머스크가 스스로를 도지파파라고 불렀고.

밈 그 자체, 일론 머스크

머스크가 도지파파로서 진짜 미친 짓을 해. 2021년 5월에 미국 예능 프로그램에 출연했거든. 새터데이 나이트 라이브(SNL). 세계 최고 부자가 예능에 나오는 것 자체도 대단했지만, 코인 매니아들도 엄청 기대를 했어. 머스크가 여기서 도지코인에 대해 뭔가 대단한 말을 할 거라고 기대한 거지. 하기는 했어. "도지코인은 사기다!" 허걱. 이게 뭔 일. 머스크 이 미친 놈이 생방송에서 농담처럼 도지코인이 사기라고 한 거야. 도지코인이 어떻게 됐겠어. 폭락했지. 머스크는 그냥 웃자고 한 얘기 같아. 딱히 무슨 의도가 있거나 그런 게 아니고. 그런데 이 말을 기점으로 도지코인도 떨어지고, 비트코인도 떨어졌어. 암호화폐 시장이 난리가 났다고.

난 머스크의 이런 면이 좋아. 밈코인의 핵심이 뭐다? 비틀기. 머스크 자신이 강력한 밈을 퍼뜨려. 당시 트위터에 머스크가 무슨 말만 하면 그게 뭐가 됐든 화제였어. 지금도 그래. 머스크가 우크라이나 전쟁, 가자 전쟁과 유태인, 미국 정치에 대해 거침 없이 말을 내뱉어. 그 바람에 엑스 광고주들이 떨어져 나가지. 그것도 개의치 않아. 2023년에 가자 지구에서 이스라엘이 심하게 폭격을 하니까, 유태인에 대해 뭐라고 했어. 미국 대기업들이 그때 엑스 광고를 중단했거든. 당시 「뉴욕타임스」가 주최한 행사에 머스크가 초대됐어. 기자가 물었어. 광고 중단에 대해 어떻게 생각하냐고. 무대 위에서 기자와 머스크가 대담을 하는 자리였거든. 머스크가 뭐라고 했냐, "조까라고 해. 감히 돈으로 나를 협박해?"라고 했어. 진짜야. 공개적인 자리에서 욕을 했다고. 질문을 한 기자 얼굴이 사색이 됐지. 머스크가 욕하는 게 그대로 라이브로 나갔다니까. 머스크의 거침없는 발언이 사업에

분명히 지장을 주겠지. 그래도 머스크는 해. 하고 싶은 말은 한다고. 원래 돈이 많으니까.

그런데 밈코인의 세계도 비슷해. 돈도 돈이지만, 비틀고 싶어 한다고. 하지 말라고 하면 더 하고, 바른 태도를 가지라고 하면 더 악동처럼 행동해. SNL에서 머스크가 "도지코인은 사기다"라고 해서 암호화폐 시장이 난리가 났지만, 코인 투자자들이 결국에는 머스크한테 다시 다 돌아와요. 머스크가 이번에는 무슨 말을 하나 주시하고, 기대하고, 지켜본다고. 머릿속에 밈이 박혀버린 거지. 머스크도 농담처럼 그런 말을 한 이후에 언제 그랬냐는 듯이 도지코인 칭찬하는 글을 엑스에 또 올려요. 도지코인 커뮤니티에서는 그걸 보고 다시 열광해요. 약발이 많이 떨어졌지만, 지금도 머스크가 도지코인에 대해 한마디 하면 코인값이 올라. 밈코인의 세계는 비틀어도 비틀어도 무한히 재생산되는 마법의 세계야. 그렇다면 머스크는 그냥 미친 놈인가? 막말하고, 농담하고, 욕하고, 이게 머스크 사업에 피해만 주는데 왜 자꾸 이상한 짓을 하지?

돈은 정보다

내가 머스크한테 뻑간 게 있잖아. 머스크가 내린 돈의 정의.

SNL 사태 이후 암호화폐 진영에서 난리가 났어. 비트코인도 떨어지고, 도지코인도 떨어지고, 암호화폐 시장이 개지랄을 떨면서 폭락했거든. 안 되겠다고 생각한 암호화폐를 지지하는 유명 인사들이 머스크를 설득해서 인터넷으로 대담을 하기로 했어. 2021년 7월이야. 이때 아크인베스트먼트의 대표 캐시 우드(Catherine Wood), 당시 트위터 이사회 의장 잭 도시(Jack Dorsey)가 나와. 머스크랑 세 명이 인터넷상에서 토론을 했어. 이 토론 영상이 굉장히 유명한데, 캐시 우드와 잭 도시는 비트코인 추종자거든. 머스크는 이때 이미 비트코인이 전기를 너무 잡아먹는다고 배신을 한 상태고. 두 사람이 비트코인을 운영하는 전력에 대해서도 설득력 있게 얘기를 해요. 그러니까 머스크가 비트코인 네트워크를 유지하는 전력 중에 절반 이상을 재생 에너지로 쓰면 비트코인으로 테슬라 자동차 구매하는 것을 다시 생각해 보겠다고 말했어. 코인 투자자들이 좋아라 했지. 이 대담에서 내가 제일 좋아한 대목은 머스크가 돈에 대해 내린 정의야.

　　머스크가 뭐라고 하냐면 "돈은 정보"라고 했어. 이게 핵심이야. 밈코인의 핵심은 커뮤니티고, 커뮤니티를 결속시키는 건 돈이야. 돈은 곧 정보야. 언더스탠? 돈이란 무엇인가는 이따가 집중적으로 얘기할 거니까, 일단은 여기까지. 그럼 지금 도지코인은 어떤 상태냐? 뭐 어떤 상태야, 죽을 쑤고 있지. 도지코인은 욕도 엄청 먹

돈은 정보다.

어. 비트코인 열혈 지지자들은 도지코인을 디지털 쓰레기라고 부른 다고.

5

오래가는 밈코인

도지코인은 그 인기만큼이나 비판도 많이 받습니다. 비판의 첫 번째는 기술적 한계입니다. 도지코인은 비트코인처럼 블록체인 기술을 기반으로 하지만, 그 개발이 활발하지 않아 보안과 확장성 면에서 문제가 생길 수 있습니다. 둘째, 투기적 요소가 강하다는 비판이 있습니다. 도지코인의 가격 변동이 심하고, 일론 머스크 같은 유명 인사의 발언에 가격이 크게 좌우되기도 합니다. 세 번째 비판은 실질적인 사용 사례가 부족하다는 점입니다. 도지코인이 일시적인 유행으로 끝날 것이라는 우려가 존재합니다.

다 맞는 말이야. 도지코인 커뮤니티는 공부를 안 해. 비트코인 커뮤니티는 좀 다른 이유로 기술적 발전에 저항하는데, 얘네들은 비트코인이 이미 완전해서 더 발전할 필요 없다고 믿거든. 어쨌든 도지코인도 진짜 공부를 안 해. 커뮤니티가 온통 '돈돈돈'만 외쳐. 그도 그럴 것이 나처럼 도지코인으로 롤렉스를 차본 사람들, 도지코인으로 회사 때려치우고 세계여행 다닌 사람들 얘기를 들은 이후로 눈이 뒤집힌 거지. 이제나 저제나 머스크만 바라봐. 머스크가 그걸 해주겠어? 비틀기가 주특기인 머스크가 누구 좋으라고 도지코인을 다시 띄우겠어. 투기적 요소도 강해. 도지코인 가격 널뛰기하는 거 보면 현기증이 나.

근데 도지코인은 밈이야. 웬만해서는 죽지 않아. 이미 전자적으로 강력한 DNA를 확보했다고. 도지코인은 전 세계 암호화폐 중에 시가 총액으로 10등 안에 들어.

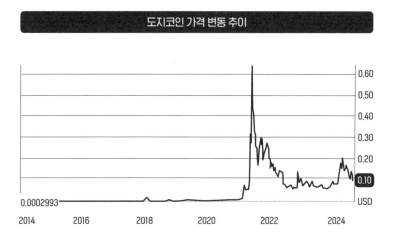

도지코인 자체가 계속 발행량이 늘어나니까 그런 면도 있는데, 다른 코인들도 마찬가지야. 비트코인은 2100만 개로 발행량이 고정이지만 다른 코인들은 코인 개수가 시간이 지나면서 늘어나. 정도의 차이가 있을 뿐이지. 왜 안 그러겠어. 코인을 찍는 데는 돈이 안 들어. 코딩 몇 줄만 바꾸면 돈이 들어오는데, 개발자들인 코인을 가만두겠어. 그런데 무작정 코인을 찍어내면 어떻게 될까? 망하지. 그런 식으로 망해 넘어간 코인들이 한둘이 아니야. 하지만 도지코인은 살아 있어. 밈 세계에서는 생존이 미덕이야. 수단과 방법을 가리지 않고 생존하면 장땡이야. 머스크 같은 빅마우스를 구워삶아서 자기편으로 만들건, 사토시처럼 전설적인 스토리를 입히건, 뭐든 좋아.

심지어 전 미국 대통령이자 현 대통령 후보인 도널드 트럼프도 남은 비트코인이 모두 '메이드 인 유에스에이'가 되면 좋겠다고 하잖아. 트럼프가 머리에 총 맞았나, 왜 비트코인에 좋은 얘기를 하겠어. 비트코인이 온갖 탄압에도 죽지 않고 살아남는 걸 보고, 이거 대단한 놈이다 한 거지. 미국에서 암호화폐에 투자를 한 유권자가 1000만 명이래. 이 사람들이 다 표야. 표 받으려면 아양을 떨어야지. 비트코인 채굴업체들은 돈도 많아. 선거 자금도 받을 겸, 립서비스한 거라고. 나중에 대통령 돼서 진짜 비트코인을 공인할지는 알 수 없지만, 어쨌든 지금은 살아 있는 비트코인을 추앙하는 거지.

밈코인의 세계는 간단해. 죽지 않고 퍼뜨리기. 밈이라는 말 자체가 생물학에서 시작한 거야. 진화론에서 시작한 거야. 『이기적 유전자』라는 책도 진화생물학 책이잖아. 『눈먼 시계공』도 마찬가지 야. 진화론이 나온 후 생물의 원리는 간단해. 생존. 누가 누굴 잡아먹 든 내가 살면 장땡이야. 내가 먹히면? 어쩔. 아무도 도와주지 않아. 잘 봐봐. 동물의 왕국에서 힘이 쎈 놈들은 대체로 혼자 있거나, 무리 규모가 작아. 힘 없는 동물, 몸집이 작은 놈들은 무리가 커. 개미떼를 생각해 봐. 생존을 위해 커뮤니티를 만든다고. 밈코인이 생존하려면 어떻게 한다? 무리를 키운다. 생물학 원리와 같아. 밈이 확산하고, 생 존하기 위해서 커뮤니티가 필요하다면 커뮤니티를 결속하는 힘을 키 워야 해. 그게 돈의 힘이지. 이제부터 돈은 도대체 뭐냐로 넘어가 보 자고. 머스크 형님을 다시 불러야겠네.

정보도 돈, 롤렉스도 돈

머스크는 돈을 정보라고 했어. 정보를 잘 알면 돈이 된다는 뜻이 아니야. 돈이라는 것 자체가 정보라는 의미야.

돈이 탄생하는 최초의 시점을 생각해 봐. 호랑이보다 느리고, 사자보다 약하며, 침팬지보다 나무를 못 타는 허약한 인간이 동물의 왕국에 있어. 생존을 해야 해. 무리를 짓기 시작해. 혼자하던 사냥이나 낚시를 여럿이 하니까 굶는 날이 상대적으로 줄어. 운 좋으면 '고기'를 저장할 수도 있어. 배가 부르면 다른 걸 하고 싶어. 사냥을 더 잘할 수 있게 해달라며 기원하는 뜻에서 동굴에 '그림'을 그려. 누가 붉은 색 고운 진흙으로 '물감'이라는 걸 만들었어. 옆 동네 부족이 그 물감을 좀 달래. 어디서 '소식'을 들었나 봐. 동굴에 그림을 그리니까, 사냥이 잘 된대. 물감을 주고, 생선을 몇 마리 받았어. 어라. 물물교환 하러 온 부족장 여자친구가 조개껍질 목걸이를 했네. 목걸이가 이쁘다는 '소식'이 부족 여성들 사이에 퍼져. 물감을 주면서 이제는 생선과 '조개껍질' 몇 개를 받기로 해. 자, 봐봐. 따옴표에 들어간 단어들이야. 고기, 그림, 물감, 소식, 조개껍질. 이중에 먹을 수 있는 건? 인간 생존에 꼭 필요한 건? 고기밖에 없어. 나머지는 생물로서 인간 생존에 꼭 필요해? 필요해. 절대적으로 필요해. 나중에 물감이 자동차, 반도체, 인공지능이 되니까.

무슨 얘기냐면 인간은 다른 동물에 비해 육체적으로는 허약하기 짝이 없지만 추상화 능력이 있어. 그림을 그리면 사냥이 잘된다는 믿음은 어디에 근거하지? 근거가 없어. 그냥 해보니까 부족 간에 단합이 되고, 커뮤니티가 똘똘 뭉치게 되고, 그러니까 생산성(사냥)이 올라가는 거야. 이때 물감이, 그림이, 커뮤니티를 결속시키는 힘이고 그 소문이 옆 부족에게도 알려지잖아. 인간이 동굴에 그림을 그린다는 소문이 침팬지에게 알려지지는 않을 거 아냐. 이 전체 정보의 흐름, 정보 전달의 전 과정에서 조개껍질이 교환이라는 행위의 매개로 등장하지. 고기를 제외한 나머지 단어 전체가 다 돈이야. 조개껍질은 정보의 집적물이고. 그 체계 전체가 돈이라고. 돈을 번다는 건 정보 흐름을 만든다는 뜻이야.

암호화폐가, 밈코인이 돈이야? 질문을 바꿔볼게. 롤렉스 시계는 돈이야? 돈이야!

롤렉스 빈티지는 언제든, 어디서든 현금화할 수 있어. 롤렉스 시계 하나가 엄청난 서사와 추상적 기술의 집적물이거든. 우리 머릿속에 '롤렉스' 하면 떠오르는 생각이 뭐야. 비싼 시계야. 타임머신을 타고 과거로 가자. 수렵채집 시절 인간 부족에게 롤렉스를 보여줘. 그들에게 롤렉스는 뭐야. 아무것도 아니지. 롤렉스에 담긴 엄청난 이야기, 정보가 없으니까. 그들에게 롤렉스는 조개껍질보다도 못한 거야. 롤렉스가 엄청난 가치를 저장하는 명품이라는 것, 그게 밈이야.

우리는 롤렉스 없이도 지금이 몇 시인지 알아. 조개껍질 없이도 치장할 수 있어. 그런데 왜 하필 롤렉스고, 왜 하필 조개껍질이지? 그게 이야기와 소문과 이런저런 잡다한 가공 기술이 집적된 밈이기 때문이야. 비트코인은 돈이야? 밈코인은 돈이야? 비트코인이 이야기

우리는 롤렉스 없이도 지금이
몇 시인지 안다. 조개껍질 없이
도 치장할 수 있다. 그런데 왜
하필 롤렉스고, 왜 하필 조개껍
질인가?

와 정보와 이런저런 잡다한 디지털 기술이 집적된 밈이라면 돈이야. 밈코인이 이야기와 소문과 이런저런 잡다한 디지털 기술이 집적된 밈이라면 돈이야. 머스크는 무서운 사람이야. 머스크 왕국은 정보 체계와 이야기와 소문과 잡다한 기술을 이미 가졌거든. 내가 '잡다한'이라고 표현했지만, 테슬라 자율주행 기술은 다른 어떤 자동차 회사도 흉내를 못 내. '테슬라' 하면 떠오르는 이미지, 이게 벌써 밈이 됐어. 밈은 돈이야. 돈이 바퀴를 달고 굴러다닌다고.

로어링 키티는 주가 조작범?

밈코인과 유사하게 밈주식이라는 말이 있어. 2021년 도지코인이 선풍적인 인기를 끌 때 주식시장에도 개미 투자자들이 좋아하는 주식들이 등장했지. 대표적인 종목이 게임스탑이야. 미국에 놀러 가서 게임스탑 매장을 봤는데, 그저 그래. 게임 관련 잡다한 상품을 파는 곳이야. 이 회사가 잘됐겠어? 인터넷으로 게임을 내려받고, 아마존으로 주문하는 시절에. 게임스탑은 서서히 망해가는 중이었지. 그걸 개미들이 붙어서 살려냈다고.

이걸 주도한 사람이 로어링 키티(Roaring Kitty)라는 필명을 쓰는 키스 길(Keith Gill)이라는 인물이야. 이 선수가 미국 개미들이 주식 정보를 주고받는 레딧(Reddit)과 유튜브에서 게임스탑에 대한 몇 가지 밈을 퍼뜨려. 어떤 밈인지는 일일이 얘기하지 않을게. 미국 개미들이 이 밈을 왜 좋아하는지 한국사람들은 이해 못해. 우리 엄마아빠 사이에 유행했던 아이러브스쿨이라는 사이트가 있었다며? 그런 거 비슷해. 어렸을 때 게임스탑에서 닌텐도 게임팩을 사던 추억을 끄집어 내서, 대형 헤지펀드가 우리의 추억이 서린 게임스탑을 공매도로 파괴하려 해, 이런 식으로 이야기를 퍼뜨린 거야. 이 밈이 먹혀 들어갔어. 게임스탑 주식이 갑자기 급등했다고.

　　게임스탑 주가가 상승한 전 과정이 앞서 얘기한 밈의 확산과 정확하게 일치해. 논리적 근거가 빈약해. 그래도 일단 밈이 형성되면 확산해. 레딧과 유튜브라는 정보 전달 체계에서 밈이 자꾸 더 만들어져. 그걸 본 게임스탑 주식 투자자 커뮤니티는 더욱 결속하게 돼. 게임스탑 주가가 더 올라. 밈이 더 확산해. 결국 게임스탑 주식을 공매도한 헤지펀드가 못 견디고 주식을 다시 사들여. 주가가 너무 오르니까, 공매도 손실이 눈덩이처럼 커져서 죽게 생겼거든. 게임스탑 개미들의 승리지. 딱 거기까지. 공매도 세력이 손을 들고 나니까 밈이 더 이상 퍼지지 않아. 밈의 생명력이 딱 거기까지야. 게임스탑 주식이 폭락했어. 이 전 과정이 며칠 사이에 일어났지.

　　주가 조작이냐? 맞아. 조작. 키스 길이 조작범이네. 맞아. 잡혀갔어? 아니. 큰돈 벌고 잘 살아. 오잉? 앞에 내가 밈이 뭐라고 했어. 조작이라니까. 머스크가 뭐라고 했어. 도지코인은 사기라고 했지. 밈은 조작이지만, 사기 '의도'를 가지고 만든 게 아니야. 그래서 현행법으로는 처벌이 안 돼. 밈은 의도가 아냐. 아까 그 부족장 여자친구가 물물교환하러 오면서 의도적으로 조개껍질을 하고 왔나? 조개껍질이 이쁘다고 의도적으로 퍼뜨렸나? 아니라니까. 어쩌다 보니 그게 먹힌 거야. 게임스탑 사건도 마찬가지야. 키스 길 외에 여러 사람이 주식 밈을 만들었어. '밈주식' 이렇게 검색창에 쳐봐. 주식 이름이 몇 개 나와. 그런데 오직 키스 길의 게임스탑 밈만 거대한 성공을 했어. 미국 개미들 사이에 이게 먹혔다고. 의도하지 않았는데 먹혔다고. 의도하지 않았는데 많은 사람들이 밈으로 받아들였다고. 의도하지 않았는데 밈이 주장하는 바가 관철됐다고.

성공의 열쇠는 없다

내 이름이 눈먼시계공이잖아. 롤렉스를 처음 만든 시계공은 진짜로 눈이 멀었어. 생물학적으로 눈이 멀었다는 뜻이 아니라, 그냥 이것저것 시계를 만든 거야. 되는 대로. 처음부터 롤렉스를 만들어야지, 의도한 게 아니라고. 그러다가 롤렉스가 대박이 난 거지. 처음부터 롤렉스라는 어마무시한 상품을 기획하고, 설계하고, 치밀하게 마케팅 계획을 세운 게 아니라고. 그런 면에서 눈이 멀었다는 뜻이야. 밈코인이나 밈주식도 마찬가지야. 의도성이 없어. 그냥 '재미있겠다, 한번 해볼까, 비틀어 볼까' 하다가 생명력을 얻은 거야.

사실은 생명이 그렇게 탄생했어. 누군가 고도의 지적 능력을 가진 자가 있어서 최첨단 유전공학 기법을 이용해서 DNA를 합성하고, 그걸로 단세포 아메바부터 인간까지 모든 생물을 설계해 만든 게 아니라고. 우연이라고. 신이 있다면 눈먼 시계공이라고.

아니, 그렇다면 주식 시장과 암호화폐 시장을 지배하는 원리가 우연이라는 말인가? 맞아. 무엇이 성공의 열쇠인가를 찾는 건 부질없어. 그런 열쇠 자체가 없거든. 어떤 주식이 상승할 것인가, 머리 좋은 애들이 온갖 이론을 만들었어. 그리고 그게 작동해. 하지만 게임스탑 주가의 급등과 급락을 설명 못해. 이론이 없거든. 우연이야.

그럼 주식 투자를 위해 공부하는 많은 사람들, 기술 발전을 위해 애쓰는 기술자들, 분석가들, 정책하는 사람들, 언론, 공공기관은 다 뭐야? 뻘짓하는 거지. 이렇게 말하면 또 이런 생각이 들 거야. 다른 건 몰라도 기술은 다르지, 어쨌든 물감을 발명한 사람이 나중에 증기기관도 만들고, 전기도 만들고, 인터넷도 만드는 건데? 맞아. 그렇지만 왜 증기기관이지? 증기기관 다음에 독일인 기술자 루돌프 디젤(Rudolf Diesel)이 내연기관이라는 걸 만들었어. 그게 자동차 엔진이야. 왜 내연기관이지? 애니메이션 장르 중에 19세기에 내연기관이 발명되지 않고 증기기관만 존재하는 세상을 배경으로 한 장르가 있어. 스팀(Steam)이라는 장르야. 만약 디젤 엔진 같은 내연기관이 아니라 증기기관이 선택되었다면? 증기기관으로도 20세기 기술 문명이 만들어질 수 있었어. 애니메이션처럼 말야. 무엇이 선택되느냐의 문제라는 거지. 그 선택의 과정에서는 우연도 상당 부분 작용한다고.

전기는 어때? 그 유명한 전류 전쟁을 볼까. 토머스 에디슨(Thomas Edison)은 직류 전기를 주장했어. 니콜라 테슬라(Nikola Tesla)는 교류 전기를 주장했고. 에디슨이 테슬라를 업계에서 내쫓으려고 별별 짓을 다했어. 유럽에서 미국으로 건너온 젊은 발명가 테슬라가 에디슨 자신보다 똑똑하니까, 에디슨이 시샘을 했다고. 일론 머스크의 자동차 이름도 테슬라잖아. 만약 에디슨이 승리했으면? 우리 집에 들어오는 전기는 220볼트 교류가 아니라 배터리 같은 직류 전기였겠지. 역사가 뭘 선택할지는 에디슨도 테슬라도 몰랐을걸. 그때 에디슨의 직류 전기회사에 투자했던 사람은 쪽박을 찼을 것이고, 테슬라의 교류 전기회사에 투자를 했으면 대박이 났겠지. 무엇을 선택할 것인가의 문제라고. 그래서 실제로는 나중에 가서야 이 기술이 뛰어나구나 하고 판명 나는 경우가 대부분이야.

역동하는 밈코인 시장

투자를 하려면 미래 기술을 보는 눈이 있어야 한다고? 어떤 기술이 우월할지 현재 시점에서 어떻게 알아? 지금 인공지능 가지고 생난리지. 어떤 회사의 인공지능이 나중에 세계를 평정할지 여러분은 아나? 서울대생은 알까? 헤지펀드 매니저는 알까? 몰라. 그래서 제일 좋은 방법은 조금씩 다 투자하는 거야. 그 빌어먹을 포트폴리오 이론이라는 거지.

개똥 같은 소리야, 분산투자는. 그거는 투자할 돈이 졸라 많은 새끼들 얘기라고. 당장 먹고 살기도 빠듯한데, 100만 원 가지고 주식 투자를 분산해서 어떻게 해. 개소리지. 포트폴리오 이론은 그냥 이론이야. 그래서 나는 주식이 싫어. 구현 가능하지 않은 걸 하라고 해. 그것 자체가 밈이야. 할 수 없는 걸 하라고 머릿속에 주입한다고. 100만 원 가지고, 주식 투자를 교과서대로 해서, 분산 투자를 해서 돈 번 사람 있으면 나오라고 해. 내가 롤렉스 시계 준다.

나는 100만 원으로 만 배를 만들었어. 도지코인으로. 내가 잘나서? 아니. 그냥 우연이야. 난 내가 잘났다고 안 해. 그래서 이 책도 첨에는 안 쓰려고 했어. 난 눈먼 돈을 번 눈먼 시계공일 뿐이거든. 주식시장에 대한 모든 이론을 열심히 공부하신 분들이 있어. 그분들 중에도 돈을 버는 분들이 있을 거야. 그분들 존경해. 근데 누구나, 어떤 사람이라도, 보통 사람이 그걸 해내리라고 기대하거나 왜 그렇게 하지 않느냐고 강요하면 안 돼. 그게 된다면 세상에는 워렌 버핏(Warren Buffett)이 중국 인구만큼 많아야 할 거야. 세상에 버핏은 딱 한 명이야. 내가 그 한 명이 되면 되지 않냐고? 그 한 명이 될 확률을 생각해 봐. 내가 도지코인으로 만 배를 벌고 나서 입 닦고 엄마한테도 비밀로 한 이유가 있어. 이런 기회는 일생에 딱 한 번 온다. 이걸 낭비하면 안 된다.

그럼 암호화폐 시장은, 밈코인 시장은, 주식과 뭐가 다른가? 역동성이지. 주식은 이미 서울대생 놈들, 버핏을 꿈꾸는 놈들, 헤지펀드 놈들이 지배하잖아. 코인 시장 밈코인 시장에도 고래라고 불리는 큰손들이 있어. 고래 놈들이 시장을 쥐락펴락해. 그렇지만 고래가 다는 아냐. 밈코인이 대표적이야. 누구나 밈코인을 만들 수 있어. 내가 밈코인 고래가 될 수 있다고. 내가 상장사 대주주가 될 수 있나? 열심히 하면 될 수도 있겠지, 한 30년 일하면. 30년 동안 IMF 같은 금융위기도 이겨내고, 코로나19 같은 감염병이 돌 때도 문 닫지 않고, 건널목에서 급발진 차량에 치여 죽지 않는다면 말야. 주식 시장은 이미 꽉 막힌 창이야. 그 창을 비집고 들어가서 내가 한자리 차지하기에는 공간이 없어. 코인 시장, 밈코인 시장은 달라. 내 자리가 널렸어. 우연이 내게 올 확률이 상대적으로 높다고. 책 맨 앞에 내가 썼 잖아. 돈이 쉽게 벌리지는 않는다. 그렇지만 밈코인 세계에서는 돈이 찾아올 기회가 상대적으로 높아. 쉽지 않은 건 마찬가지지만, 조금이 라도 확률이 높은 곳에 돈을 걸어야 해. 단 1퍼센트, 아니 0.01퍼센트 라도 확률이 높으면 인생이 달라진다고.

확률 얘기가 나와서 갑자기 생각나는 퀴즈. 제2차 세계대전 당시 진짜로 있었던 이야기야. 영국 공군이 도버 해협을 건너 유럽 하늘에서 독일군과 치열한 전투를 벌였어. 영국 공군은 폭탄도 떨어 뜨리고, 기관총 사격도 하면서 독일 전투기와 싸웠지. 연료가 떨어지 면 다시 도버 해협을 건너 영국 기지로 귀환했고. 이때가 문제야. 독 일 방공포 부대가 돌아가는 영국 전투기에 총탄을 쏟아붓거든. 영국 전투기는 무기도 다 썼고, 폭탄도 다 썼어. 독일 포탄에 맞지 않기를, '행운'이 있기를 기대할 수밖에. 살아 돌아온 전투기도 있고, 총탄에 맞아 떨어진 전투기도 있어. 영국 공군은 어떻게 하면 전투기를 더 많이 살릴까 고민했어. 전투기에 남은 총탄 자국들을 일일이 조사했 어. 유독 총탄이 집중된 부위를 발견했지. 그곳에 특수 철판을 붙이 기로 한 거야. 이 결정이 옳았을까?

영국 공군의 한 통계학자가 뼈 때리는 얘기를 했어.

"살아 돌아온 전투기의 특정 부위에 총탄 자국이 많다는 것은 그 부분에 총을 맞아도 비행을 할 수 있다는 뜻이다. 굳이 보강을 한다면 총탄 자국이 없는 곳을 해야 한다. 진짜로 우리가 연구할 것은 살아 돌아오지 못한 비행기다. 떨어진 비행가가 어떤 곳에 치명상을 입었는지를 알아내는 것이다."

머리가 좋아야 팔다리가 고생을 안 해. 영국 공군이 열심히 조사를 해서 확률적으로 총탄이 많이 날아온 부위를 찾아내기는 했어. 그런데 해석을 잘못할 뻔했지. 진짜 치명적인 부위는 총을 맞은 곳이 아니었던 거야. 추락한 비행기의 잔해를 조사할 수는 없으니까, 통계학자의 말대로 총탄 자국이 없는 곳을 보강하는 것이 정답이었던 거지.

『이기적 유전자』, 『눈먼 시계공』에 자주 등장하는 말이 있어. "죽음은 일상이고, 생존은 예외다." 치열한 전투 끝에 살아 돌아온 비행기와 추락한 비행기의 차이는 뭘까. 뛰어난 비행술? 도버 해협을 건너 돌아가는 영국 조종사가 되었다고 생각해 봐. 언제 어디서 독일 총탄이 날아올지 몰라. 하늘을 새까맣게 뒤덮을 정도로 수많은 총탄이 내 앞을 가로막아. 독일군은 죽어라 총탄을 쏘거든. 이런 상황에서 뭔 놈의 비행술. 그냥 운이야. 다시 말해 추락은 늘 생기는 일상적인 일이고, 총탄을 좀 맞았지만 그럭저럭 비행을 해서 기지로 돌아오는 건 예외적인 기적이지.

생물이 다 그래. 먹고 먹히는 관계가 일상이고, 그 가운데 내 DNA를 자손에게 퍼뜨리면 다행이야. 내 몸은 먹이가 되더라도 내 몸 속의 DNA가 계속 살아남으면 오케이. 우리는 뭘 고민해야 한다? 조금이라도 생존 확률을 높이려면 뭘 연구해야 한다? 생존은 우연이니까, 그렇게 깊이 연구하지 않아도 돼. 어떻게 하면 로또 숫자를 맞힐까, 백날 연구해 봐야 소용없어. 어차피 우연이니까. 우리는 죽음을 연구해야 해. 실패를 연구해야 해. 저 새끼는 왜 죽었지, 저 기업은 왜 망했지, 저 구단은 왜 졌지?

2
밈의
탄생

1

사회적인 DNA, 밈

내가 학교 다닐 때 정말 공부를 안 했거든. 친구들이랑 어울려 다니기나 하고. 그렇다고 애들 삥 뜯고 그런 건 아니고. 세상 한가운데 나 혼자인 느낌. 엄마랑 싸우기도 많이 싸웠지. 하루는 국어 선생님이 숙제를 낸 거야. 이게 좀 유치한 건데, 개미와 베짱이 이야기 있잖아. 추운 겨울날 베짱이가 개미의 집을 두드리는 바로 그 장면에서부터 그 뒷얘기를 써보라는 거야. 하, 무슨 이런 걸 숙제로 내냐, 이러면서 씨발씨발 하면서 뭘 썼어.

내가 국어 선생님을 좀 좋아했거든. 막 따르고 그런 건 아닌데, 다른 선생들에 비해서는 좋아했다는 거지. 수업 시간에 국어 선생님이 내가 낸 작문을 읽는거야. 이런 킹창피. 완전히 쪽팔려서 얼굴이 울그락불그락. 친구들이 웃고, 난리 치고, 나는 이게 뭔가 하고 있고. 내 학교 경력 12년 중에 진짜 처음으로 칭찬을 들은 거야. 글을 잘 썼다고 하시는 거야.

수업 시간 끝나고, 선생님이 교무실로 와보라고 하시더라고. 그때 선생님이 『이기적 유전자』라는 책을 주셨어. 읽는데 겁나 어렵더만. 나중에는 내가 원서를 사서 읽기도 했는데, 번역도 개판이고. 원서? 그래 원서. 영어판. 글치, 내 주제에 원서를 읽는다니까 이상혀? 내가 하나에 꽂히면 끝장을 보거든. 독서의 독자도 모르고, 공부도 하나 안 하던 난데 『이기적 유전자』 이 책은 좋더라고. 한글판을 세 번인가 읽고, 뭔가 찜찜한 거야. 그래서 원서를 샀어. 문장 하나하나를 번역본하고 대조해 가면서, 단어 찾아가면서 읽었어.

내 인생을 바꾼 사람을 고르라면 그때 국어 선생님이고, 내 인생을 바꾼 책을 고르라면 『이기적 유전자』야. 내가 왜 이 책에 꽂혔냐 하면, 눈에 보이는 어떤 결과물이 눈에 보이지 않는 것들에 의해 작동한다는 걸 보여줬거든.

먹고 먹히는 관계의 균형점

난 수포자였어. 당연하겠지. '수학' 하면 진저리가 나. 그런데 내가 다시 학교로 가고, 공부를 한다면 말야, 난 생물학을 할 거야. 그거 알아? 생물학에도 수학이 쓰인다고. 초딩 때 읽는 『파브르 곤충기』처럼 말똥구리 관찰하고, 개미집 관찰하고, 이게 생물학이 아니라고. 내가 『이기적 유전자』에 푹 빠진 것도 생물 활동의 이면을 수학으로 설명하는 부분에서 완전히 뻑이 가서야.

자, 들어봐. 토끼가 있어. 늑대도 있어. 토끼풀도 있어. 토끼는 번식력이 좋아. 토끼가 새끼를 많이 낳고, 번성하면 토끼풀은 어떻게 되겠어. 토끼 먹이가 되면서 초토화가 되겠지. 토끼가 많이 태어나면 날수록 토끼풀은 점점 더 빠르게 먹이로 없어지는 거지.

그러다가 토끼풀이 다시 자랄 여유도 없이 토끼가 토끼풀을 먹어치우면? 그때부터는 토끼도 더 먹을 게 없으니까 굶어야 돼. 그런데 아무리 기다려도 토끼풀이 자라지 않는 거야. 왜? 토끼 새끼들이 다 처먹어서 씨가 말랐거든. 더 이상 먹을 게 없는 토끼는 어떻게 되겠어? 결국 토끼가 스스로를 죽인 셈이지. 아, 여기서 이딴 얘기하는 친구가 있어. 토끼풀 말고 다른 걸 먹지. 물론 그렇게 하면 되지. 근데 마찬가지잖아. 토끼풀이 아닌 다른 풀에서도 똑같은 원리가 작동할 테니까. 너무 많이 처먹으면 풀이 고갈되고, 결국 토끼는 굶는 거니까, 언더스탠? 만약 생물의 세계가 이렇게 단순하게 작동한다면 지구에는 생물이 존재할 수가 없겠지. 이때 짜잔 나타난 것이 늑대야.

늑대는 토끼를 잡아먹는 나쁜 놈이야. 토끼 입장에서 볼 때

늑대는 토끼를 잡아먹는 악당
이다. 토끼는 풀을 죄다 먹어치
우는 악당이다. 진실은, 둘 다
그저 배가 고팠을 뿐이다.

그렇다는 거야. 늑대 입장에서는 토끼는 그냥 먹잇감인데? 늑대가 무슨 죄가 있어. 배고파서 눈앞에 널린 토끼를 한 마리 먹은 거뿐인데. 늑대가 좋다, 나쁘다 기준을 적용하지 않고 보면, 늑대는 늑대의 일을 한 거야. 토끼가 새끼를 여기저기 낳고, 토끼풀을 초토화하면서 난리를 칠 때, 늑대가 딱 나타나서 이 생태계를 구해줘. 어떻게? 그냥 위가 비어서 배가 고프다는 신호가 머리에 전달되면, 본능이 작동해서 군침을 흘리며 하얀 토끼를 덮치는 거야. 토끼풀을 아작내던 토끼 한 마리가 없어졌네. 늑대가 또 배가 고파. 토끼를 먹어. 토끼풀 입장에서는 자기 종족을 아작 내는 토끼를 없애준 늑대가 고맙지.

　　정리하면 토끼와 토끼풀과 늑대가 서로 먹고 먹히는 관계에서 균형을 잡는다는 거야. 『이기적 유전자』에는 이런 상황에서 균형점을 계산하는 수학 식도 나와. 물론 내가 그 식을 풀지는 않았어. 근데 그 식이 얘기하는 걸 나는 완벽하게 이해했다고. 균형점이 있어. 세상에는. 그게 절묘하게 맞아 떨어져.

　　뒷동산에 토끼와 토끼풀과 늑대. 요즘 늑대가 어디 있냐고? 늑대보다 더한 놈들이 우리 주변에 득실득실거리지 않나? 암튼, 이 먹고 먹히는 관계망이 균형점을 찾아간다는 게 신기한 거야. 우리 눈에는 그저 토끼, 토끼풀, 늑대만 보이지만 이 관계를 정리하는 보이지 않는 원리가 있어. 생물학이, 수학이 그걸 찾아내는 거야.

『이기적 유전자』라는 책은 '우리 자신은 무엇이냐'라는 질문을 던져. 토끼와 토끼풀과 늑대의 관계처럼 누군가가 나를 바라볼 때, 그 안에 내재된 원리에 대해 이야기해.

DNA 관점에서 우리들 하나하나는 사실 DNA를 실어 나르는 기계일 뿐이야. 오잉? 평생을 살면서 우리는 DNA를 보지도 못할 텐데? 맞아. DNA는 자기 모습을 드러내지 않아. 우리 몸에 있어. 몸속에서 우리가 보고, 듣고, 생각하는 것을 축적해.

자, 봐봐. 내가 모험을 즐겨. 익스트림 스포츠. 나의 이런 성향은 내 DNA와 관련이 있어. 100퍼센트는 아니더라도, 위험한 상황에서 느껴지는 그 짜릿함이 좋은 건 내 몸의 여러 부분이 그런 모험에 익숙하게 발달했기 때문이야. 그런데 너무 위험해서 내가 다치거나, 심지어 죽으면? 나처럼 위험을 즐기는 성향을 가지도록 프로그램된 DNA가 다음 세대로 전달이 안 되겠지. 내가 일찍 결혼해서 아이를 낳지 않는 한 말이야. 다시 말해 내가 미친 짓을 하다가 골로 가면 그런 미친 짓을 하도록 만든, 적어도 그런 미친 짓을 하는 데 기여한 내 몸속의 DNA는 그대로 죽어버리는 거야. 따라서 내 몸속의 DNA는 적절하게 이걸 조절해야만 할 거야. 그게 조절이 안 되는 사람은 그 전에 이미 다 죽었겠지.

즉 우리가 보는 사람들은 위험 조절 능력이 있는 DNA를 충분히 가진 사람들인 거야. 죽지 않고 살아남아서 위험 조절 능력을 보유한 DNA를 대대로 전달할 테니까. 그런 사람들만이 우리 눈에 보이는 거야. 여기서 질문. 그럼 실제로 생존하는 건 뭐야? 나와 내 자손, 아니면 DNA? 『이기적 유전자』는 DNA 관점에서 이런 현상을 풀이해. 질문에 대한 답은 이거야. 생존하는 것은 내 자손이 맞아. 내 자손의 몸속 DNA도 생존해. 이게 밈이야. 죽지 않고 살아남는 게 목적인 DNA. 생물학적으로는 그게 DNA고, 우리가 이 책에서 얘기하는 밈은 사회적인 DNA야.

　　『이기적 유전자』는 이 관계를 알기 쉽게 쓴 최초의 책이야. 우아, 젠장, 이런 어려운 책을 내가 세 번이나 읽었다니, 거기에다 영어 원서까지. DNA와 밈의 유사성은 앞으로도 여러 번 나올거야. 지금 이 부분이 잘 이해가 가지 않더라도 읽고 또 읽으면 저절로 알게돼. 그런데 비밀이 있어. 내가 『이기적 유전자』에 꽂힌 또 다른 이유는 이 책의 저자님이 매우 신기한 현상의 힌트를 살짝 주고 가셨다는 거. 내가 그 힌트에 매료됐다는 거. 이건 어떤 사건과 관련된 건데. 지금부터는 그 얘기를 해줄게.

응징해야 절멸하지 않는다

내가 학교 다닐 때 찌질이 취급을 받던 때가 있었어. 사실 우리 집에는 엄마만 있었거든. 딱 봐도 뭔가 균형이 안 맞잖아. 토끼 같은 엄마와 토끼 새끼와 그 토끼 가족을 돌보는 자상한 아빠 토끼…가 아니라 늑대가 있었던 거지. 상황 이해 됨? 엄마는 나를 데리고 이혼을 하셨어. 학교 생활이 순탄하지 않았어. 이건 뭐 엄마나 아빠를 탓하는 건 아니고, 내가 반항기를 쎄게 겪은 거니까, 두 분을 개입시키고 싶지는 않아. 아무튼 그래서 내가 학교에서도 찌질이였던 때가 잠깐 있었어. 하루는 반에서 싸움이 났어. 엄마가 교무실에서 반성문 쓰던 날 데리고 집으로 돌아오는 길에 그러시는 거야.

"그놈이 너한테 한 것의 딱 세 배만 응징해. 앞으로 비슷한 일이 생기면 말야."

엄마가 날 뒈지게 팰 줄 알았거든. 아니었어. 딱 이렇게 말하고, 그 일에 대해 다시는 말씀 안 하셨어. 그리고 내 귀에 '응징'이라는 단어가 꽂혔지. 눈에는 눈, 이에는 이. 이기적 유전자라는 책이 알려준 눈에 보이지 않는 절묘한 균형. 그 균형점을 찾아내는 수학. 이걸 게임이론이라고 하더라고.

토끼와 토끼풀로 돌아가자. 만약에 아주 착한 토끼로만 구성

된 생태계가 있다고 하자. 이 토끼들은 너무너무 착해서 서로를 도와줘. 선한 DNA가 장착된 선한 토끼야. 그래서 규칙을 정해서 토끼풀 먹는 것도 적절하게 조절해. 누구도 이 규칙을 어기지 않아. 아주 평화로운 세상이야. 천국이지. 그런데 어느 날 엽기 토끼 한 마리가 이 토끼 천국에 흘러 들어왔어. 처음에는 엽기 토끼도 다른 착한 토끼들처럼 규칙을 잘 지켰어. 도울 일이 있으면 도와주고, 또 내가 필요할 때는 다른 착한 토끼들한테 도움도 요청하고. 엽기 토끼가 생각한 거야. '만약 내가 규칙을 살짝 어기고, 토끼풀을 좀 더 먹으면 어떻게 될까?' 이 새끼가 똘끼가 있어서 그걸 해본 거야. 다른 착한 토끼들이 눈치를 못 채. 엽기 토끼가 자꾸 규칙을 어겨. 토끼풀을 처먹고 심지어 자기만 아는 곳에 쟁여놔. 그러니까 더 튼튼해져. 더 많이 먹으니까. 번식력도 더 높아져. 엽기 토끼 DNA를 장착한 또 다른 엽기 토끼들이 점점 더 많아져. 처음에는 착한 토끼가 엽기 토끼보다 압도적으로 비율이 높았어. 그런데 한참 지나니까 착한 토끼와 엽기 토끼 비율이 비등비등해. 토끼 천국에 협조적인 분위가 약해졌어. 서로 잘 도와주지 않아. 그도 그럴 것이 내가 도와달라고 부탁한 상대 토끼가 50퍼센트 확률로 엽기 토끼거든. 이 새끼들은 협조를 안 해. 토끼풀만 처먹어. 그러면서 더 튼튼해지고, 새끼도 더 많이 낳아. 이제 착한 토끼와 엽기 토끼 비율이 역전됐어. 엽기 토끼가 더 많아. 토끼풀이 어떻게 되겠어. 아작이 나는 거지. 이때 누가 등장해? 늑대야. 지상에 더 이상 토끼 천국은 없어.

사실 내가 국어 선생님 숙제를 이런 식으로 썼거든. 토끼를 개미로 바꾸면 내가 쓴 작문이야. 착한 개미들 사이에 나쁜 베짱이가 들어와서, 규칙을 어기며 개미를 하나둘 침몰시켜. 나중에 베짱이가 개미들의 왕이 돼. 이걸 보고 국어 선생님이 『이기적 유전자』 책을 나한테 주신 거야. 내가 엽기 토끼가 될까 봐 걱정을 하신 건지….

그럼 착한 토끼와 엽기 토끼 얘기는 비극일까? 미친, 비극은 무슨. 이게 현실이잖아! 규칙을 지키면 손해지. 규칙을 어길 때 이득이지. 모든 이기적인 생명들은 규칙을 어기도록 프로그램돼 있어. 『이기적 유전자』 책 제목도 그렇잖아. 이기적인 DNA가 살아남는다고. 그럼 협력은? 결국 토끼 천국이 토끼 지옥이 됐는데? 왜 현실에서 토끼 천국은 존재할 수 없을까? 이제부터 진짜 흥미진진한 게임 이론이 출동해.

맞아. 세상은 시궁창이고, 착한 사람은 손해를 봐. 엽기 토끼 같은 새끼들이 돈과 권력을 얻고, 착한 토끼를 지배해. 그럼 어떻게 하지? 응징해야지. 우리 몸에는 응징 DNA가 있어. 그래서 규칙이 유지되는 거야.

로버트 액샐로드(Robert M. Axelrod)라는 컴퓨터 과학자가 대회를 열었어. 착한 토끼와 엽기 토끼를 섞어놓은 가상의 세계를 상정해. 네가 착한 토끼가 되던, 엽기 토끼가 되던 상관 안 할 테니까, 이 세상을 지배하면 우승이야. 무슨 얘기냐면, 상대의 협력을 이끌어 내면 득점하는 컴퓨터 게임 프로그램을 만들어 보라는 거야. 단기간에 가장 높은 득점을 하는 프로그램을 만든 사람이 우승이지. 조건은 협력을 아주 잘하는 착한 토끼와 배신과 규칙 위반이 특기인 엽기 토끼가 혼재된 세상이야.

가상의 세계에서 나는 누군가를 만나. 만나서 협력을 요청해. 협력을 요청한 상대가 착한 토끼인지, 엽기 토끼인지 처음에 나는 몰라. 누가 와서 "나 좀 도와줘" 해서 내가 도와줬어. 상대 토끼는 1점을 얻어. 나는 0점이야. 다음에 다시 그 상대를 만나서 이번에는 내가 "나 좀 도와줘" 했어. 근데 이 새끼가 쌩을 까네. 나는 여전히 0점, 그 새끼는 1점 유지. 이런 식이야. 어떻게 하면 나는 최다 득점을 할 수 있을까? "도와줘, 제발" 하면서 상대의 도움을 받은 후 쌩까는 전략이 있겠지. 또는 "내가 얘를 도와주면, 얘도 나를 도와줄 거야" 하고 무조건 도움을 주는 전략도 있어. 여러 명의 컴퓨터 과학자들이 이런저런 전략으로 프로그램을 만들었어. 자, 이 대회의 우승자는?

아주 복잡한 수학 문제도 답은 세 개 중에 하나야. -1, 0, +1. 고딩 때 수학 주관식 문제를 모르면 찍으라며 수학 샘이 얘기한 거야. 주관식이라도 백지로 내지 말고, 최후의 수단이 있다며 농담으로 하신 말이긴 하지. 세상 일이 아무리 복잡해도 답은 간단한 경우가 많아. 엽기 토끼를 퇴치하는 우승 프로그램은 이거야.

1. 일단 협력한다. 내가 도와주면 다른 사람도 나를 돕는다고 생각한다. 기꺼이 협력하고, 도와준다.
2. 근데 상대가 엽기 토끼인 것을 확인하면, 반드시 응징한다.

이 게임은 한 번만 상대를 만나는 게 아냐. 내가 도와준 토끼를 다시 만날 수 있어. 컴퓨터는 1초에도 수만 번 게임을 할 수 있으니까. 착한 토끼를 다시 만나면 이번에는 내가 도움을 받는 거지. 그러면 나는 득점을 해. 내가 도와준 착한 토끼들은 다시 만나면 또 날 도와줄 거야. 나 역시 착한 토끼를 도와줄 거고. 토끼 천국이지. 그렇지만 엽기 토끼를 만날 때도 있어. 나는 뒤통수를 맞고 엽기 토끼는 득점을 하지. 그 엽기 토끼를 나는 또 만날 수 있어. 그때는 나도 똑같이 갚아주는 거야. 엽기 토끼를 배신하고, 나는 득점을 하는 거지.

내 친구가 편의점에서 아르바이트를 해. 근데 다른 알바가 교대 시간에 꼭 10분, 15분 늦게 나타나. 처음에는 그럴 수도 있지 했어. 그런데 그게 반복 돼. 친구는 참고 넘어가고, 참고 넘어가고 했어.

친구는 알바 편의점을 바꿨어. 운명인가. 지각 대장 알바도 거기 와 있는 거야. 내 친구는 어떻게 했게? 이번에도 참아? 내가 너 바보냐고 했지. 만약 네가 이번에도 똑같이 걔를 봐주면, 걔는 다른 데 가서 또 그짓 한다. 너는 천사라서 그렇다 치고, 다른 사람들은 뭐냐. 빌런 지각 대장 때문에 피해 보잖냐.

지각 대장이 딱 엽기 토끼야. 엽기 토끼를 그대로 두면 악을 퍼뜨려. 주변을 괴롭혀. 한두 번 봐주면 서너 번 또 봐달라고 해. 그게 쌓여. 엽기 토끼는 이득을 봐. 그래도 되는 줄 알아. 약간 더 큰 민폐를 끼쳐. 그게 점점 쌓여. 진짜 악당이 돼. 악이 퍼지는 책임은 누구에게 있다? 착한 토끼에게 있다! 불의에 침묵하면 악당을 키우는 거야. 엽기 토끼를 응징하지 않으면 나도 사실상 엽기 토끼 편이 되는 거야. 세상에는 착한 토끼들만 있지 않아. 어떤 범죄 통계학자는 약 1~2퍼센트의 확률로 사이코패스가 있대. 멀쩡하게 생긴 놈이 엽기 살인마야. 왜 사람 사이에 그런 사이코패스가 숨어드는 걸까? 이에 대한 답도 신묘해.

멸망을 막는 악

먼 옛날 지구에는 착한 토끼만 있었어. 외계 엽기 토끼가 딱

한 마리 들어왔어. 냉혹한 외계인 과학자가 실전 테스트를 하려고 심은 거야. 엽기 토끼라는 악을 몰랐던 착한 토끼는 순식간에 절멸해. 엽기 토끼의 악행에 응징이라는 걸 할 줄 몰랐으니까. 외계인 과학자가 다른 실험을 준비해. 유전자 기술을 이용해서 응징 DNA를 착한 토끼에게 주입해. 일단 도와준다. 근데 너를 배신하면 그대로 응징하거나, 두 배 세 배로 응징한다. 이런 응징 DNA를 집어넣은 착한 토끼를 키워. 착한 토끼들 사이에 다시 엽기 토끼를 한 마리 넣어봤어. 처음에는 엽기 토끼가 득세해. 근데 착한 토끼도 당하고만 있지는 않아. 치고 박고 싸워. 엽기 토끼도 버텨. 그러다가 균형점을 찾아. 대략 1~2퍼센트 정도의 엽기 토끼가 살아남아. 대다수의 착한 토끼와 소수의 엽기 토끼가 공존해. 겉으로 보면 똑같이 생긴 토끼지만 아주 가끔 우리는 엽기 토끼를 만나. 그게 세상이야.

토끼를 인간으로, 응징 DNA를 면역 체계로 바꾸면 그게 생물학에서 말하는 인간, 즉 호모 사피엔스야. 사람이 각종 바이러스의 무차별 공격에서 살아남는 건 우리 몸속에 면역 체계가 있기 때문이야. 그 면역 체계는 응징의 산물이야. 내가 한 번 걸렸던 감기 바이러스에 대한 대항력이 몸 안에 남은 거지. 태어나서 완전 멸균 시설에서만 산 사람이 있다고 쳐봐. 단 한 번도 감기에 걸리지 않았어. 그 사람이 세상 밖으로 나오잖아, 하루이틀이면 죽을 거야. 우리는 엄마

몸에서부터 기본적인 면역 체계를 받아서 가지고 나와. 엄마의 응징 기억이 내 몸으로 이어지는 거야. 세상을 살면서 엄마가 만나지 못한 엽기 토끼를 내가 처음 만날 수도 있어. 그래서 내가 피해를 볼 수도 있어. 근데 내 후손은 나의 새로운 응징 기억을 추가로 가지게 될 거야. 내 후손이 그 못된 엽기 토끼를 만나면 그때는 피해를 입지 않겠지.

악이 뭐야? 선의 반대. 그럼 선은 뭐야? 악이 없으면 선도 없어. 그래서 악이 있는 거야. 양념으로 대략 1~2퍼센트 정도. 어떤 이유로 악의 비율이 올라가면 선이 응징 DNA를 활성화해. 그런데 선이 자신의 응징 DNA를 활성화시키지 않을 때가 문제야.

악의 존재 자체가 문제 아니냐고? 선이 응징하지 않아서 악이 확산하는 게 더 큰 문제야. 어떤 면에서 악의 확산은 선의 책임이야. 인생을 살면서 꼭 버러지 같은 놈들을 만나. 그런 미친 악당들을 봐주면 안 돼. 그럼 악이 퍼져.

애초에 선만 있었으면 된다고? 토끼, 토끼풀을 생각해 봐. 엽기 토끼가 뭔지도 모르고, 처먹기만 하는 멍청한 선한 토끼는 자칫하면 멸망해. 악이 있어야 해. 선악이 균형을 이뤄야 한다고. 따라서 1~2퍼센트의 악이 반드시 필요해. 악을 완전 박멸하겠다고 과도한 응징을 주장하는 것도 안 돼. 그럼 베트맨 되는 거야. 브루스 웨인이

고민해. 나는 정의의 사도인가? 개뿔. 나쁜 놈 때려 눕힐 때 베트맨이 쓰는 폭력은 악당만큼이나 잔인해. 싸우는 장면만 놓고 보면 베트맨이 악당이고, 처맞는 악당이 선량한 시민 같아. 경찰이 그래서 베트맨을 쫓잖아. 베트맨도 헷갈려 해. 자기가 영웅인지, 악당인지. 왜 이런 헷갈림이 나오게? 베트맨은 균형을 몰라. 적당한 악이 있어야 해. 베트맨 시리즈 중에 〈다크 나이트〉를 봐. 투철한 검사였다가 악당이 되는 하비 덴트가 이런 말을 하지. "영웅으로 죽거나, 오래 살아서 악당이 되거나." 하비 덴트는 절대악 조커의 술수에 걸려 사랑하는 사람을 잃고, 결국 악당이 돼. 그 죄를 베트맨이 뒤집어 쓴다고. 하비 덴트는 악당이었지만 영웅으로 죽고, 베트맨은 영웅이지만 살아서 악당이 되지. 베트맨은 선이면서 악이야.

2

생명체와 밈의 공통점

존재하는 모든 것은 역할이 있어. 각자 역할이 있고, 균형점을 찾아가는 게 인생이야. 한쪽으로 치우치지 말자고. 응징 DNA를 언제든 활성화할 준비를 해. 통계적으로 우리는 1~2퍼센트 확률로 악당과 마주하게 될 테니까. 그때 주저함 없이 응징 DNA를 꺼내. 레츠 파잇!

하나만 생각해. 밈은 응징이야. 살아서 확산하게 돼 있어. 공간적으로, 시간적으로. 그래야 신종 엽기 토끼가 나와도 인간 전체가 절멸하지 않을 수 있는 거야. 밈은 기억이야. 내가 당한 피해를 기억해야 해. 참는 것과는 달라. 엽기 토끼가 내 뒤통수를 어떻게 쳤는지 기억해야 해. 그대로 되갚아 주기 위해서. 밈은 정의야. 눈에는 눈, 이에는 이. 네가 내 물건을 훔치면, 네 손목을 가져간다! 이 단순한 법칙이 밈이야. 너무 잔인해? 그걸 순화한 게 현대 형법이야. 원리는 같

아. 밈은 생존이야. 우리가 다 같이 잘 살기 위해서는 우리 사이에 있는 엽기 토끼를 협력해서 찾아 내야 해. 엽기 토끼도 밈이야. 완전히 죽일 수 없어. 1~2퍼센트는 살아남는 게 균형점이야. 엽기 토끼가 균형점을 벗어나서 많아지려고 할 때, 찍어 눌러야 해. 얘네들도 죽기 살기로 살아남으려고 할 거거든.

　　밈코인도 살기 위해 몸부림쳐. 진짜야. 별별 짓을 다 해. 태어나자마자 사람들이 거들떠 보지도 않고 사라지는 게 대부분이야. 있는지 없는지도 몰라. 그냥 재미로 만든 거라서, 만든 사람 본인과 몇몇만 아는 거지. 그런데 일부는 좀 더 생명이 길어. "야, 재밌다" 그러면서 조금 더 퍼져. 그리고 곧 잊혀. 이런 식으로 평균적인 수준에서 살다가 없어져. 그런데 특이하게 장수하는 밈코인이 있어. 도지코인이 대표적이지. 나와서 거의 바로 죽는 밈코인과 장수를 누리는 밈코인, 평균적인 밈코인 숫자를 그림으로 그리면 어떻게 될까? 가로 축에 생존 기간, 세로 축에 밈코인을 찍어보면 돼. 이마 이런 그림이 나올거야.

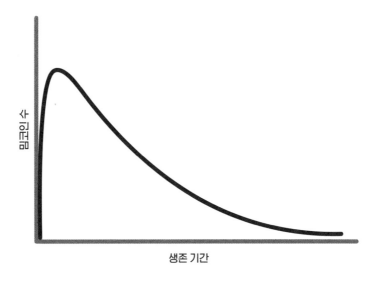

이런 그래프는 『이기적 유전자』, 『눈먼 시계공』 같은 생물학 책에 자주 등장해.

지구상의 생물 수명을 그래프로 그려볼까? 하루살이부터 천 년을 사는 거북이까지. 동물의 수명을 가로축에 놓고, 종류를 세로축 으로 놓으며 밈코인과 비슷한 분포가 될 거야. 그래도 확인해 보고 싶지? 챗GPT한테 그려보라고 했어.

지구상의 생물의 수명과 해당 수명에 포함되는 생물종의 수를 그래프로 나타내면, 정규 분포를 따르기보다는 오른쪽으로 긴 꼬리를 가지는 비대칭적인 분포를 나타낼 가능성이 높습니다. 이는 많은 생물종이 비교적 짧은 수명을 가지는 반면, 일부 종은 매우 긴 수명을 가지기 때문입니다.

다음은 이러한 분포의 특징과 그래프의 모양을 설명한 것입니다:

1. 짧은 수명: 많은 곤충, 미생물, 식물 등이 수명이 짧습니다. 예를 들어 대부분의 곤충은 몇 주에서 몇 달 정도의 수명을 가지며, 이는 그래프의 왼쪽에 큰 피크를 형성합니다.

2. 중간 수명: 개, 고양이, 인간 등의 포유류와 조류는 몇 년에서 수십 년의 수명을 가지며, 이 범위에서 종의 수가 점차 줄어드는 경향이 있습니다.

3. 긴 수명: 일부 나무, 바다 거북, 고래 등은 수십 년에서 수백 년의 수명을 가지며, 이들은 그래프의 오른쪽 꼬리를 형성합니다.

이러한 이유로, 생물의 수명 분포 그래프는 다음과 같은 형태일 것입니다:

- 가로 축: 생물의 수명 (짧은 수명에서 긴 수명 순으로)

- 세로 축: 해당 수명 범위에 포함되는 생물종의 수

예상 그래프 모양은 다음과 같습니다:
- 왼쪽에 높은 피크가 있고, 오른쪽으로 길게 늘어지는 비대칭 분포 (꼬리가 긴 분포)

실제 데이터를 기반으로 이러한 그래프를 그리려면 각 생물종의 수명을 조사하고 해당 범위에 포함되는 종의 수를 세는 작업이 필요합니다. 이를 통해 더 정확한 그래프를 얻을 수 있습니다.
실제 데이터를 사용하여 이를 시각화해 보겠습니다. 몇 가지 가정된 데이터를 사용하여 히스토그램을 그려보겠습니다.

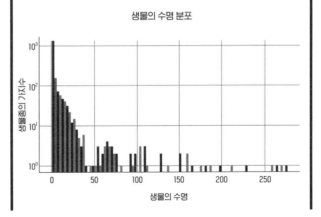

위 그래프는 생물의 수명을 가로축으로, 해당 수명에 포함되는 생물종의 가지수를 세로축으로 나타낸 것입니다. 이 그래프에서 볼 수 있듯이:

- 짧은 수명을 가진 생물종이 가장 많아 왼쪽에 높은 피크가 있습니다.
- 수명이 증가함에 따라 생물종의 수는 급격히 감소합니다.
- 오른쪽으로 긴 꼬리를 가지며 일부 종은 매우 긴 수명을 가집니다.

따라서, 생물의 수명 분포는 정규 분포를 따르지 않으며, 왼쪽에 높은 피크와 오른쪽으로 길게 늘어지는 비대칭적인 분포를 보입니다.

챗GPT 참 똑똑하지. 쬐끔 어려운 말이 몇 개 있어. 정규 분포, 긴 꼬리. 통계 용어야. 나는 가방끈이 짧고, 수학을 몰라도 졸라 머리 싸매고 이 단어들은 외웠어. 난 수포자라고 이미 얘기했지. 지금도 난 수학이 싫어. 그래도 그 원리는 맘에 들어. 눈에 보이지 않는 걸 수학은 보거든. 뭔가 졸라 많이 흩어진 것 같지만 그걸 주섬주섬 정리할 수 있어. 크기별, 색깔별…. 뭐가 됐든 그 분포를 가로축과 세로축으로 놓고 나열하면 정규 분포가 돼.

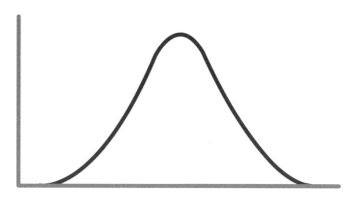

정규 분포

이건 그냥 믿어. 법칙이야. 세상의 모든 분포는 정규 분포의 변형이야. 생물 수명 분포는 오른쪽으로 꼬리가 긴 분포야. 이 경우는 오른쪽으로 갈수록 오래 사는 거지. 이런 생물은 그 숫자가 작아. 그래도 있기는 있어. 영(0)이 아니라고. 존재한다고. 존재하는 건 다 이유가 있다고 했지. 왜 그렇게 오래 사냐고, 왜 벽에 똥칠하면서 자손들 힘들게 오래 사냐고, 왜 쓸데없이 밈코인에 투자하냐고, 왜 투기성이 높은 밈코인을 사냐고 따지는 사람들이 있어. 따지는 건 자유지만, 이건 그냥 현상이야. 존재하는 모든 것은 역할이 있어. 장수하는 밈코인은 오른쪽으로 길다란 꼬리에 위치해. 우리 목표는 수단과 방법을 가리지 않고 저 긴 꼬리에 들어가는 거야. 벽에 똥칠할 때까

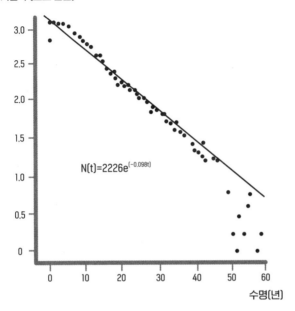

기업 수(로그 눈금)

$$N(t)=2226e^{(-0.098t)}$$

수명(년)

지 죽지 않고 사는 거라고. 오른쪽으로 긴 꼬리는 생물이랑 밈코인에

만 적용되는 게 아냐. 기업에도 적용돼.

　　제프리 웨스트(Geoffrey B. West)가 쓴 『스케일』(Scale)이라는

책이 있어. 졸라 두꺼워. 근데 읽었어. 내가 생각해도 내가 기특해. 이

책은 생물학 책이 아니야. 물리학자가 썼어. 그런데 생물 얘기를 해.

도시 얘기를 해. 기업 얘기도 해. 도시와 기업도 생물 같다는 걸, 장황

하게 얘기해. 맞아. 기업도 생물이야. 이건 기업의 수명을 그래프로 그린 거야.

챗GPT가 그린 그래프와 같아. 다른 것 같아? 세로축을 약간 변형한 것뿐이야. 로그 함수를 넣어서 그렇게 했대. 큰 숫자를 다룰 때 그 간격을 로그 함수를 쓰면 좁힐 수 있다네. 어쨌든 이 그래프가 뜻하는 건 이거야. 창업하고 금방 없어지는 기업이 제일 많아. 왼쪽에 쏠려 있지. 아주아주 오래 버티는 기업은 오른쪽 끝에 있어. 그 수가 적어. 생물이랑 똑같아. 상식적인 결과야. 이걸 수학이 그래프로 표현한 거지. 근데 이게 왜 중요하냐고? 오래 사는 사람, 오래 사는 기업, 인기 높은 밈코인에는 같은 원리가 적용된다는 거지. 밈코인은 세상에 나온 지 얼마 안 됐지만, 사람(생물)과 기업에 대한 연구는 너무 많지. 따라서 밈코인으로 성공하고 싶으면 생물과 기업에서 힌트를 얻으면 된다고! 난 기업 쪽은 모르겠더라. 제대로 된 직장이라는 걸 다닌 적이 없으니. 그래서 생물에서 힌트를 얻었지.

3

디지털 섹스는 밈을 남긴다

생존에 성공한 동물은 섹스를 미친 듯이 한 거야. 19금? 자손 번식에 모든 것을 바친다고. 먹으면 해. 사실은 하기 위해 먹어. 내가 죽어도 내 DNA가 살면 장땡이니까. 이걸 밈코인에 적용하는 거야. 스마트폰을 끼고 사는 거지. SNS는 유혹의 도구야. 밈을 퍼뜨리는 채널이야. 전자적인 섹스 천국이라고. 하면 할수록 밈이 퍼져나가. 클릭 수가 자손의 수야. 리트윗 수가 자손의 수야. 좋아요가 자손의 수야. 자극적이어야 해. 야해야 해. 욕을 하기도 해. 뭐든 피하지 않아.

생물도 그렇게 해. 수컷 까치는 기회가 오면 할 수 있는 모든 방법을 동원해서 암컷을 유혹해. 특이하게 암컷 까치는 수컷의 긴 꼬리에 이끌려. 수컷은 긴 꼬리를 과시하며 암컷 주위를 맴돌아. 최대한 노출을 많이 해서 암컷들이 자신을 보게 해야 해. 그런데 꼬리가 긴 건 야생에서 아주 위험해. 독수리나 매가 하늘에서 보고 있다가 공격을 하면 재빨리 숨어야 하는데 꼬리가 길면 아무래도 불리하잖아. 그래도 수컷 까치는 긴 꼬리를 자르지 않아. 꼬리는 암컷을 유혹하는 거의 유일한 수단이거든. 꼬리를 포기한다는 건 섹스를 포기하는 거야. 자손 번식을 포기하는 거야. 내 DNA를 퍼뜨리는 걸 포기하는 거야. 다시 말해 생존을 포기하는 거야. 따라서 독수리한테 잡아먹히는 거나, 꼬리를 포기하는 거나 같아. 내가 죽는 한이 있어도 긴 꼬리를 달고 다니면서 암컷하고 한 번이라도 더 섹스를 하는 게 유리해. 그래서 꼬리를 포기 못해.

SNS도 같아. 좋아요를 포기하는 건 내 존재를 포기하는 거야. 새로운 식당에 갈 때마다 음식 사진을 찍어 인스타에 올려. 골프장에 가서 공을 때리는 게 중요한 게 아냐. 명품 선글라스 잘 보이게 찍은 사진이 중요해. 명품 치마 휘날리며 그린에서 스윙하는 사진이 중요하다고. 파를 잡는다, 버디를 잡는다? 나는 신경 안 써. 인스타에 올릴 사진이 중요해. 코인으로 돈 번 놈들이 포르쉐 떼달리기를 하는 것도 같은 이유야. "나 돈 좀 벌었어" 자랑해야 코인을 더 팔 수 있다고 생각해. 나 이런 남자야. 뭐하냐고? 나 코인. 이 차 말고 차고에 람보르기니도 있어. 이래야 좋아요가 달리지.

자극을 극한으로 끌어올려야 해. 밈코인의 미친 짓은 상상을 초월해. 미국 초딩 하나가 밈코인을 찍었어. 코인 이름이 라이브맘

좋아요를 포기하는 건 내 존재를 포기하는 것이다. 자극을 극한으로 끌어올려야 한다. 밈 코인의 미친 짓은 상상을 초월한다.

(LIVEMOM)이야. 얘가 자기 코인을 자랑하려고 라이브 방송을 했어. 킥(Kik) 스트림이라는 플랫폼을 이용했는데, 방송 이름이 '엄마와 함께'(Live with mom)야. 그런데 이 미친 엄마가 라이브에서 "우리 아들이 만든 밈코인 많이 사랑해 주세요" 하면서 가슴 노출을 감행했어. 기절초풍할 노릇이지. 아들의 표정을 봐. 이건 아동학대지. 살짝 주작이 아닌가 의심이 들기도 하는데, 이 사건은 미국 언론에 보도되기도 했어. 밈코인의 SNS 노출 전략은 이따 다시 한번 정리해서 얘기해 줄게. 여기서는 SNS와 까치의 긴 꼬리가 사실상 같은 거라는 사실만 기억해 두자고.

생물은 자손을 남기고, 밈은 좋아요를 남긴다

밈코인의 생존 전략은 SNS를 이용한 섹스야. 생물학적인 섹스와 디지털 섹스는 같아. 생물은 번식을 위해 섹스를 해. DNA를 남기는 거야. 디지털 섹스는 밈을 남기는 거야. 작동 원리도 같아. '자극 → 흥분 → 섹스'. 이 루틴을 반복해. 그 결과물이 생물은 자손을 남기는 거고, 밈은 좋아요를 남기는 거야. 널리널리 퍼진다는 점에서 같아. 어떤 정보가 복제되어 퍼진다는 점에서 DNA와 밈은 같아. 이게 생존이야. 더 많이 더 멀리 퍼지는 게 장수고, 생존이야. 그러니까 섹스를 열심히 해야 해.

　난 비혼주의자야. 결혼을 할 필요성을 못 느껴. 난 엄마의 결혼을 두 눈으로 봤어. 힘들어. 생물학적으로 내 몸속의 DNA가 내 자식들에게 남겨지면 좋겠지만 솔직히 그걸 위해 그 힘든 결혼을 해야 한다는 생각은 안 들어. 어쩌면 내 유전자를 가진 아이가 세상에 나올 수도 있겠지. 그 가능성을 닫아두지는 않았어. 하지만 결혼은 안 할 거야. 나는 이미 충분히 디지털 섹스를 해. 이상한 동영상 보고 그런 게 아니라, SNS 활동 자체가 디지털 섹스라고. 밈코인을 만들고, 잘 팔기 위해서는 SNS 활동이 필수야. 따라서 나는 거의 매순간 디지털 섹스를 해. 생물학적 섹스가 주는 자극이 0과 1의 신호로 바뀐 것뿐이야.

　그게 어떻게 같을 수 있지? 같아. DNA는 정보야. 머스크가 돈이 정보라고 한 거 기억하지. DNA도 정보라고. 생물이 자기 복제를 위해 필요한 정보가 담겼어. 밈도 정보야. 밈이 포함하는 메시지가 정보라고. 이 메시지에 사람들이 열광해. 난 그 열광을 보며 생물학에서 말하는 것과 똑같이 섹스를 해. 쾌감을 느낀다고. 강력한 성취감을 느낀다고. 다른 어떤 욕구보다도 짜릿하다고. 내가 올린 밈 이미지의 좋아요 수가 올라가면 다른 생각이 안 난다고. 인간의 몸은 약 1만 년 전 구석기 시대 이후 현재의 생물학적 특성을 거의 그대로 유지해 왔어. 배고프면 먹어야 하고, 추우면 따뜻한 불을 피우고 싶어 해. 그리고 섹스를 하고 싶어하지. 나도 마찬가지야. 뇌가 지시하는 욕구를 내 몸이 행동으로 실행해. 뇌의 지시는 궁극적으로 DNA의 작용이지. 내가 SNS 클릭 수에 짜릿함을 느끼는 것도 뇌의 반응이야. 재밌는 밈에 좋아요를 클릭하는 내 손가락은 바로 그 밈이 시킨 행동이라고. 이게 섹스와 뭐가 달라. 심지어 결과물도 같아. DNA를 복제하는 것과 밈을 복제하는 것은 같아.

"아냐 달라. 너희 세대는 배고픔을 몰라서 그래. 배부른 소리를 하는 거야. 박정희 대통령이 아니었으면 우리는 지금도 쫄쫄 굶고 있을 거야."
"DJ 선생님이 아니었으면, 민주화 세력이 아니었으면, 너희들이 누리는 자유는 없었어. 정신 똑바로 차려. 민주주의는 피로 지키는 거야."

이 책을 태극기 부대 또는 개딸 독자님들이 읽고 계시다면 너무너무 감사해. 이런 말씀 하실 수 있어. 그런데 난 광화문 광장에는 잘 안 가. 거기 가면 시끄러운 사람들이 너무 많아. 솔직히 그분들 주장이 뭔지도 모르겠어. 밈의 관점에서 보면 태극기 부대와 개딸은 밈에 따라 행동하는 거야. 태극기 밈, 개딸 밈. 정치적 주장을 담은 밈이지. 정치적 메시지를 담은 밈. 그 생각을 강화하고, 행동하게 하는 게 뭐야. 유튜브지. 우리나라는 중장년 이상 노년층 유튜브 시청자 비율이 다른 나라보다 높아. 정치적 입장을 담은 유튜브 채널도 널렸어. 소비가 있으니까 생산을 하는 거야. 유튜버들은 이게 돈이 되니까 하는 거야. 누가 이걸 봐? 용산에서도 본다며? 야당에서도 본다며? SNS는 섹스의 장이면서 정치의 장이야. 작동 방식은 같아. '자극 → 흥분 → 정치적 의사 표시'. 이 루틴이 반복되는 거야.

어느 편이냐구? 이기는 편 우리 편. 진짜야. 나는 딱 두 번 투표했어. 코로나19 때 총선, 그리고 이번 총선. 찍은 당이 달라. 좋아서 찍은 것도 아냐. 못마땅해서 찍었어. 나를 못마땅하게 하는 말을 한 사람 반대쪽에 찍었어. 싫어서 찍은 거야. 하도 같잖아서.

세상에는 두 종류의 인간이 있어. 문제를 만드는 사람과 문제를 푸는 사람. 문제를 만드는 사람이 갑이야. 선생님이고, 시험 감독관이지. 문제를 푸는 사람은 을이지. 학생이고, 감독받는 사람이야. 투표하는 나는 문제를 내는 사람일까, 문제를 푸는 사람일까? 누군가 문제를 일으키면 그걸 수습 못하고 지들끼리 싸우잖아. 내가 문제를 낸 적은 없어. 내가 명품백을 받았나? 내가 만배랑 붙어먹었나? 내가 문서를 위조해서 의대를 갔나? 내가 주가 조작을 했나? 문제를 일으킨 건 지들이지. 그러고는 표로 그걸 심판해 달래. 좆같은 거지. 이렇게 문제를 풀어보겠습니다 하고 답을 가져와도 될까 말까인데. 나는 정치를 잘 모르지만, 적어도 문제를 일으킨 놈들이 스스로 문제를 풀어야만 한다는 건 알아. 누구한테 풀어 달라고 때를 써. 씨발. 나 먹고 살기도 힘든데.

　　태극기 부대와 개딸은 생각이 완전히 다른 거 같아. 이분들은 자기들이 문제를 풀 수 있다고 믿나 봐. "이 새끼가 문제입니다. 이 새끼를 심판해야 해요"라는 밈을 추종해. 그래서 정치적 메시지에 자극을 받고, 흥분하고, 정치적으로 섹스하고 끝내. 자극 → 흥분 → 섹스. 그 루틴의 반복. 전형적인 밈 현상이야. 개딸과 태극기 부대는 다른 사람들보다 밈코인을 훨씬 더 쉽게 이해할 수 있을 거야. 늘 하던 거니까. 개딸 밈코인, 태극기 밈코인 만들면 잘 팔릴 것 같지 않아?

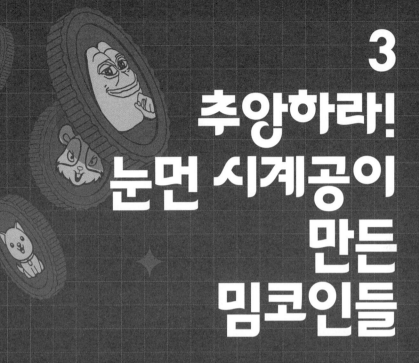

3
추앙하라!
눈먼 시계공이
만든
밈코인들

1

여기가 바로 개판:
도지, 시바이누, 도그위프햇

나는 돈에 관심이 많아. 여러분들도 그러시리라 믿어. 밈코인이 돈이 되는 과정을 직접 체험하려면 다른 밈코인이 어떻게 만들어지고, 퍼져나갔는지를 봐야겠지. 성공 방정식은 없다고 했어. 지금부터 얘기하는 것들은 "아, 이렇게 하는 거구나. 이렇게 해야겠구나" 하고 받아들일 게 아냐. 밈의 세계는 새로움이야. 이미 있는 걸 따라해서는 성공 확률이 낮아. 식상하거든. 새로움을 찾기 위한 참고자료로만 읽어야 해. 각각의 밈코인이 나온 배경과 맥락을 이해하는 게 훨씬 중요해.

유명한 밈을 코인으로 발행하다

도지코인(Dogecoin, DOGE)

- 출시 시점: 2013년 12월 6일.
- 주제: 도지코인은 인기 있는 시바 이누(Shiba Inu) 밈을 주제로 하며, 이는 일본 견종의 개로 유명한 'Doge' 밈에서 유래되었습니다. 이 밈은 다채로운 코믹 산스 텍스트와 함께 귀여운 개 이미지로 구성됩니다.
- 코인 발행자: 빌리 마커스와 잭슨 팔머가 개발했습니다. 마커스는 IBM 소프트웨어 개발자였고, 팔머는 어도비의 마케팅 부서에서 일했습니다.
- 커뮤니티 규모와 특성: 도지코인 커뮤니티는 매우 활발하고 긍정적인 분위기를 자랑합니다. 주로 레딧(Reddit)에서 활동이 두드러지며, 인터넷 팁 문화와 다양한 자선 활동으로 인기를 끌었습니다. 예를 들어 2014년 소치 동계 올림픽에 자메이카 봅슬레이 팀을 보내기 위해 기부금을 모았고, 케냐에 깨끗한 물 공급을 위해 기부금을 조성했습니다
- 시장 평가: 도지코인은 처음에는 농담으로 시작되었지만, 빠르게 인기를 얻어 거래량이 급증했습니다. 특히 2021년에는 일론 머스크 같은 유명인들의 지지를 받으며 가격이 급등했으며, 한때 0.74달러까지 상승했습니

> 다. 그러나 이후 가격이 하락했으며, 현재는 변동성이 높은 편입니다.

도지코인이 뭔지 앞에서 설명했지. 몇 가지 세부 사항만 더 얘기할게. 코믹 산스(Comic Sans)라는 말이 나와. 이게 뭔지 알아야 돼. 하나하나 설명하긴 귀찮으니까 잘 훈련된 인공지능한테 맡길게.

> 코믹 산스는 마이크로소프트에서 개발한 글꼴로, 비공식적이고 손으로 쓴 듯한 느낌을 주는 서체입니다. 이 글꼴은 1994년에 빈센트 코나레(Vincent Connare)가 디자인했으며, 주로 만화나 어린이 대상 자료에 사용할 목적으로 만들었습니다.
>
> 도지코인이 처음 출시될 때, 도지코인 웹사이트와 프로모션 자료에 코믹 산스 글꼴이 사용되었습니다. 이는 도지코인이 농담에서 시작된 가벼운 프로젝트라는 성격을 강조하기 위한 것입니다. 코믹 산스 글꼴은 특유의 유머러스하고 캐주얼한 분위기를 연출하며, 도지코인의 전체적인 브랜딩에 잘 어울렸습니다.

왜 내가 글꼴 얘기를 하냐면, 밈코인은 이미지에서 출발하거든. 사람들이 친숙하게 느껴야 해. 딱딱하면 안 된다고. 산스체가 그

개는 그 자체로 밈이다. 사람
과 가장 가까운 동물이니까.

래서 선택된 거야. 도지코인은 실제 모델이 있어.

우리나라의 대표적인 개가 진돗개라면, 일본의 대표적인 개는 시바 이누거든. 이누라는 말은 개라는 뜻이니까 시바라는 품종의 개인 거지. 이 개 사진이 어떻게 인기를 끌었는지는 정확하게 몰라. 아무튼 도지코인은 이 개의 이미지에서 시작했어.

그리고 산세체 글꼴은 딱 봐도 아이스러워. 뭔가 장난치는 것 같은 느낌이거든.

코믹 산스 글꼴의 특성

- 비공식적: 코믹 산스는 공식적인 문서나 전문적인 환경보다는 비공식적이고 캐주얼한 분위기를 연출하는 데 적합합니다.
- 손글씨 느낌: 글꼴의 모양이 손으로 쓴 것처럼 보이며, 자연스럽고 친근한 느낌을 줍니다.
- 쉬운 가독성: 굵고 둥근 글자 형태로 인해 읽기 쉬우며, 어린이용 책이나 만화책 등에 자주 사용됩니다.
- 코믹 산스는 많은 사람들에게 친근하게 다가가지만, 디자인 전문가들 사이에서는 그다지 선호되지 않기도 합니다. 하지만 도지코인 프로젝트에서는 그 유머러스하고 경쾌한 특성 덕분에 성공적으로 사용되었습니다.

도지코인 이후에 개를 테마로 한 밈코인이 많이 만들어졌어. 이 포인트도 잘 기억해야 해. 왜 개지? 개는 사람과 가장 가까운 동물이잖아. 나는 개에 대한 추억이 별로 없지만, 딱히 개를 멀리할 이유도 없지. 전 세계 공통이라고. 이미 개 자체가 밈이야. 우리 머릿속에 '개' 하면 떠오르는 이미지가 부정적인 것보다 긍정적인 게 많다고. 따라서 역설적으로, 개를 테마로 한 밈코인은 성공하기가 쉽지 않아. 다 비슷하거든. 그 비슷함을 극복하는 요소가 있어야 해.

2등 전략의 성공

'시바이누'라는 이름의 밈코인도 있어. 마찬가지로 시바 개를 테마로 한 거야. 도지코인의 견종 시바를 그대로 가지고 왔지. 시바이누 코인의 시가총액은 109억 달러, 우리 돈으로 15조 원이나 돼. 도지코인은 시총이 176억 달러, 약 24조 원이야. 시바이누는 2등 전략을 썼어. 넘버2 전략. 넘버2는 넘버1 자리를 노리지. 넘버2는 항상 넘버1을 타깃으로 해. 시바이누는 '타도 도지코인'을 모토로 탄생한 밈코인이야.

> **시바이누(SHIB)**
>
> - 출시 시점: 2020년 8월.
> - 주제: 시바이누는 도지코인의 성공에 영감을 받아 만들어졌으며, 도지코인과 같은 시바 이누 개를 로고로 사용합니다. 스스로를 "도지코인 킬러"라 칭합니다.
> - 코인 발행자: 익명의 개발자나 팀이 발행했으며, 창시자는 료시(Ryoshi)라는 가명을 사용합니다.
> - 커뮤니티 규모와 특성: 시바이누 커뮤니티는 '시바 미'(ShibArmy)로 알려졌으며, 매우 열정적이고 적극적인 마케팅 활동을 펼칩니다. 이들은 소셜 미디어에서 활발하게 활동하며, 다양한 이벤트와 캠페인으로 코인의 인지도를 높입니다.
> - 시장 평가: 시바이누는 높은 투기성을 가진 밈코인으로 간주됩니다. 특히 2021년 말과 2022년 초에 걸쳐 큰 인기를 끌며 가격이 급등했지만, 이후 시장 조정과 함께 가격이 하락했습니다.

내가 1등이 될 수 없다면 1등을 카피해야 해. 그런데 1등을 노리는 2등은 너무 많아. 따라서 2등은 강렬해야 해. 선명해야 해. 그리고 너도 1등이 될 수 있고, 1등이 됐을 때 누릴 게 많다는 걸 강조해야 해. 도지코인이 선풍적인 인기를 끌고, 일론 머스크의 지지를 받으면서 도지코인은 넘사벽이라는 생각이 있었어. 아, 그때 도지코인을 샀어야 하는데, 집을 팔아서 도지코인에 몰빵을 질렀어야 하는데, 그런 생각을 많은 사람들이 했다고. 시바이누는 그걸 파고든 거야. '뭐야, 우리도 해보자. 타도 도지코인. 제2의 도지코인이 될 수 있어, 다 모여.' 이게 시바이누의 전략이었어. 늦었다면 빨리 따라가라 전략인 거지.

시바이누는 일단 시장에 안착하자마자 발 빠르게 움직였어. 도지코인에서는 볼 수 없는 확장 전략을 썼지. 자체 블록체인도 만들고, 자체 서비스도 만들려는 시도를 했어.

도지코인은 누군가 이를 조종하는 개발자가 없어. 최초 도지코인을 만든 두 사람은 그 프로젝트에서 일찍 손을 났거든. 시바이누는 달라.

시바이누를 만든 개발자는 겉으로 드러나지 않지만 직접 활동을 해. 시바이누가 자체 블록체인을 만든다고 할 때 난리가 났다고. 원래 시바이누는 이더리움(Ethereum)이라는 블록체인 위에 만들어졌어. 그런데 일정 규모 이상으로 성장하니까 자체 블록체인을 만들겠다고 한 거지. 독립 선언인 거지. 자체 블록체인을 가지면 재밌는 일을 더 많이 할 수 있거든. 블록체인이 스스로 확장성을 갖게 돼. 코인을 공짜로 나눠주는 에어드롭 등 이벤트도 맘대로 할 수 있고.

시바이누는 일반 기업들이 하는 경영 매니지먼트도 도입했어. 일정 기간에 일정량의 코인을 소각해 버려. 태워 없앤다고. 시장에 공급되는 코인의 양을 줄이는 거지. 공급이 줄면 가격은 올라. 시바이누 커뮤니티가 열광하겠지. 시바이누의 콘셉트 자체는 새롭지 않아. 도지코인을 따라했으니까. 그런데 도지코인이 하지 않은 매니지먼트를 적극 도입했어. 2등으로 살아남기 위해서는 1등을 무조건 따라만 해서는 안 돼. 1등이 하지 않는 걸 찾아서 과감하게 해야 해.

귀여운 게 다라고?

개를 테마로 한 밈코인은 지금 이 순간에도 만들어져. 경쟁이 너무 심해. 신생 밈코인은 발붙이기 쉽지 않아. 도그위프햇(WIF)은 그야말로 운이 좋은 놈이야. 얘는 솔라나(Solana)라고 하는 블록체인 위에서 발행된 밈코인이야. 솔라나에 대해서는 정말 할 말이 많은데, 지금은 도그위프햇의 독특함만 얘기할게.

도그위프햇은 털모자를 씌운 강아지 이미지가 원조야. 끝. 진짜야. 이 밈코인은 다른 특성이 없어.

누가 알았겠는가. 이 개 사진
이 밈이 될지. 누가 알겠는가.
어떤 이미지가 다음 밈코인이
될지.

> **도그위프햇(Dogwifhat)**
> - 출시 시점: 구체적인 출시 시점에 대한 정보가 부족합니다. 이 코인의 가격 차트는 2024년 1월부터 볼 수 있습니다.
> - 주제: 도그위프햇은 모자를 쓴 개 이미지 밈코인입니다.
> - 코인 발행자: 발행자 정보가 명확하지 않습니다.
> - 커뮤니티 규모와 특성: 도그위프햇의 커뮤니티는 다른 주요 밈코인들에 비해 작지만, 주로 솔라나에 열광하는 투자자들로 구성되어 있습니다.
> - 시장 평가: 도그위프햇은 아직 초기 단계의 코인으로, 다른 밈코인들에 비해 인지도가 낮습니다. 그러나 솔라나 기반 밈코인으로 가장 먼저 주목을 받은 코인입니다.

누군가 재미로 강아지에게 이쁜 털모자를 씌운 후 사진을 찍어서 SNS에 올렸어. 그 이미지를 바탕으로 솔라나 블록체인에서 밈코인을 찍은 거야. 그게 인기를 끌었어. 모자를 쓴 강아지가 귀엽다는 것 하나로 밈코인이 됐어. 허탈하지? 밈코인이 뭔지 보여주는 전형적인 사례야. 심각하지 않아. 재미로 한 거야. 다른 사람들이 재밌다고 웃고, 좋아요 눌러주고, 그럼 돈이 되는 거야. 숨겨진 얘기로는 이 개의 주인이 한국 사람이라는 썰이 있어. 진짜인지 가짜인지는 몰

라. 그게 중요한 게 아니거든.

　　자, 봐봐. 내가 밈코인을 만들기로 마음먹었다면, 그것도 개를 테마로 한 밈코인을 만들기로 했다면 어떤 지점을 공략해야 할까? 이걸 골똘히 생각하면 오히려 답이 안 나와. 개와 친하게 지내면서 퍼뜩 뭔가가 떠오르기를 기대하는 쪽이 더 빠를지도 몰라. 도지코인이 뿌린 씨앗이 그거야. 진지해지지 말자. 심각해지지 말자. 의도를 갖지 말자. 도그위프햇 이름은 도지코인을 패러디했어. 원래 영어로는 '도그 위드 햇'(Dog With Hat)이 맞지. 그걸 비틀었어. 위드를 위프(Wif)로 오자를 낸 거야. 도지코인이 도그를 도지(Doge)로 잘못 쓴 것처럼. 이런 정도의 애교를 기법으로 쓴 거지. 나머지는 다 뭐다? 우연이다. 여러 번 시도하다 보면 우연이 걸려들 수 있다는 거지.

2

강아지를 잡겠다: 페페

우리가 살펴볼 다음 밈코인은 페페(PEPE)야. 페페에 대한 챗GPT의 설명을 먼저 보자고.

페페 이미지의 유례:

페페(PEPE) 이미지는 만화가 맷 퓨리(Matt Furie)가 만든 만화 시리즈 '보이즈 클럽(Boy&s Club)'에서 처음 등장했습니다. 2005년에 시작된 이 만화는 2008년에 온라인에 공개되었고, 그중 'Feels Good Man'이라는 대사와 함께한 페페의 이미지가 인터넷에서 밈으로 퍼지기 시작했습니다.

유행한 계기:

페페는 특히 2010년대 초반 포챤(4chan) 같은 인터넷 커뮤니티를 중심으로 널리 퍼졌습니다. 사용자가 페페 이미지를 다양한 맥락에서 사용하며, 그 의미가 변형되고 확장되었습니다. 2015년경, 페페는 정치적 밈으로 변질되기도 했으나 여전히 많은 사람들이 단순한 재미와 유머로 페페를 사용했습니다. 2016년 도널드 트럼프가 미국 대통령으로 당선될 당시 일부 극우 백인 우월주의자들이 페페를 자신들의 홍보용 밈으로 쓰기도 했습니다. 페페를 악용하는 정치적 움직임에 제동을 거는 운동이 일어나기도 했습니다.

페페 밈코인이 나온 시점:
페페 밈코인(PEPE)은 2023년 4월에 출시되었습니다. 이 코인은 인터넷 밈과 암호화폐의 결합으로 탄생했으며, 출시 이후 빠르게 주목받기 시작했습니다. 페페 밈코인은 단순히 웃음을 주는 밈을 넘어, 실제로 거래되고 가치가 있는 암호화폐로 자리매김했습니다.

페페 밈코인 커뮤니티의 활동:
페페 밈코인 커뮤니티는 인터넷 밈 문화와 암호화폐 문화를 결합한 독특한 커뮤니티로, 활발한 활동을 보입니다. 온라인 포럼, 소셜 미디어 그룹, 디스코드 채널 등에서 정보 공유, 밈 제작, 거래 전략 논의 등이 이루어집니다. 이 커뮤니티는 유머와 재미를 중시하면서도, 동시에 암호화폐의 투자와 거래에 대한 진지한 논의도 병행합니다.

페페는 개구리야. 만화가 원작이고. 미국의 다양한 코믹스 캐릭터 중에 하나지. 얘가 정치적으로 이목을 끈 건 2016년 미국 대선 때야. 극우 세력이 페페를 변형해서 나치 문양을 넣기도 하고, 트럼프와 합성을 하기도 했지. 정치판에 늘 있는 일이야. 그런데 페페 밈코인 제작자가 이 점을 노린 거야. 전복과 뒤집기. 페페 밈코인은 2023년에 최초의 거래 기록이 있어. 그 전까지는 페페 개구리가 주목을 끌지 않았다고. 페페 밈코인은 도지코인을 포함한 강아지를 테마로 한 밈코인을 저격하는 것으로 시작했어. '강아지를 잡겠다'가 페페의 모토야. 이건 또 다른 초식이지.

자, 봐봐. 도지코인이 큰 인기를 끄니까 시바이누가 도지를 잡겠다며 나왔어. 유사한 강아지 테마 밈코인들이 우후죽순으로 생겼다고. 페페는 그것 자체를 뒤집은 거야. 왜 강아지만 나오냐 이거

'강아지의 시대는 끝났다.' 페
페는 밈이 되었다. 페페는 이
제 저작권자의 것이 아니다.
우리 모두의 것이다.

지. 그래서 선택한 게 페페야. 트럼프가 처음에 정치계에 들어왔을 때는 공화당에서도 싫어했다고. 트럼프가 하도 나대니까 정통 보수층, 기득권 정치인들이 그를 못마땅해했다고. 그걸 트럼프는 거의 개인기로 돌파했지. 2016년 힐러리 클린턴을 무찌르고 트럼프가 대통령이 되면서 정치적 전복이 일어난 거야. 그걸 페페가 밈코인 쪽에다 그대로 써먹은 거라고. 왜 강아지냐, 왜 도그냐, 개구리도 있다. 이게 페페의 전략이었고, 이게 먹혔다고.

페페 커뮤니티에서 대유행한 밈 이미지가 있어. 페페가 오줌을 싸는 거야. 오줌발을 받는 게 각종 강아지 테마의 밈코인들이고. 노골적으로 강아지 밈코인에 적대감을 드러내고, 비아냥거리고, 혐오를 표출했어. 트럼프랑 똑같지?

왜 이런 전복, 즉 뒤집어 엎는 게 밈코인 세계에서 먹히는 걸까? 페페 커뮤니티 홈페이지에 들어가면 지금은 오줌 싸는 밈 이미지는 없어. 평범해. 주절주절 재미있게 놀자 이런 얘기나 있다고. 그런데 처음에 밈코인으로 주목을 받기 위해서는 기존 질서에 대항하는 인상을 줄 필요가 있단 말이지. 그게 전복의 이미지야. '우리는 네가 싫어. 우리는 그게 싫어. 왜 그래야 해. 우리는 우리 식으로 할 거야.' 이런 게 먹힌다는 거지. 페페가 암호화폐 기술이나, 커뮤니티 운영에서 특출나게 뛰어난 것도 없어. 처음에 반항적으로 개판인 밈코인을 바꿔보겠다고 한 게 밈코인 투자자들에 먹힌 것뿐이야. 그걸로 페페는 먹고 살아. 페페 밈코인 암호화폐 시가총액이 얼마게? 51억 달러. 7조 원이 넘어. 페페라는 개구리 이미지와 페페의 반항적 태도가 만든 가치야. 페페 밈코인 제작자 혹은 제작 집단은 이걸로 따뜻한 인생을 보낼 수 있겠지. 여기서 의문. 페페는 원작자가 있어. 그럼 저작권은 어떻게 될까?

이 부분은 진짜 중요한 정보인데, 이 책을 읽고 계신 당신은 운이 좋은 거야. 진짜진짜 돈이 되는 법률 정보를 알려드리지. 페페 밈은 저작권이 없어. 페페를 그린 맷 퓨리가 만화 페페의 저작권자인 건 분명해. 그런데 페페 밈처럼 대중적인 활동에 해당 이미지를 쓸 경우에는 별도의 저작권료를 내지 않아도 돼. 이걸 미국 특허법에서는 퍼블릭 도메인(Public Domain) 활동이라고 해. 사람들이 즐기기 위해 캐릭터를 변형해서 밈으로 만들 경우, 저작권 시비를 걸 수 없어. 팬들이 팬심으로 이미지를 바꾼 거니까, 따로 저작권료를 내지 않아도 된다는 거야. 만약 내가 어벤저스 만화 주인공들을 바탕으로 밈코인을 만들면 어벤저스 제작사인 디즈니에서 소송을 할까? 천만에. 이 경우는 소송을 해도 소용이 없어. 사람들이 즐기기 위해 만든 것이기 때문이야. 눈이 반짝이는 독자분들이 계시네. 응용할 수 있는 캐릭터들이 많겠지? 시도해 보시라고. 또 알아. 페페처럼 대박이 날지. 만약 이 책을 읽고 캐릭터 밈코인으로 대박을 내신다면 내 암호화폐 지갑 주소를 알려드릴 테니, 코인 좀 줘.

　　만약 어떤 기업이 의도적으로 어벤저스 이미지로 밈코인을 만들면 어떻게 될까? 그건 얘기가 완전히 달라. 디즈니가 바로 변호사를 보낼 거야. 여기서 밈코인의 특성이 다시 한번 확실해져. 처음부터 상업적 목적으로, 의도를 가지고 '사업' 차원에서 접근하면 안 돼. 즐겨야 해. 팬이 되어야 해. 여러 사람들과 재미를 위해 밈 이미지를 만들고, 그 밈으로 코인을 만들어야만 해. 진심으로. 그래야만 해. 그래야만 성공해. 완전 역설적이지? 돈을 벌겠다고 밈코인에 달려들면 돈이 안 돼. 밈코인 문화 코드를 이해하고, 그 속에 흠뻑 빠져야만 해. 내 주변에도 의도를 가지고 밈코인 만들겠다는 사람들이 많이 있었어. 성공한 경우를 잘 보지 못했어. 머리를 비워. 욕심을 비워. 즐겨. 놀아. 밈코인은 그래야 성공해.

3

밈코인의 생과 샤: 봉크

봉크(Bonk)라는 영어 단어가 있지. 쿵, 쾅, 꽁 이런 뜻의 의성어야. 뿅망치로 꽁꽁 친다는 느낌이야. 봉크는 암호화폐 역사상 정말정말 특이한 밈코인이야. 봉크의 시가총액은 20억 달러, 2조 7000억 원이야. 봉크는 2023년 말부터 암호화폐 시장과 밈코인 시장을 강타한 신흥 강자야. 만들어진 지 채 1년도 되지 않은 시점부터 봉크가 어떻게 인기를 얻었는지 이해하려면 몇 가지 암호화폐 역사를 알아야 해.

2022년 11월, 암호화폐 시장 붕괴

2022년 11월 암호화폐 시장은 망할 뻔했어. 아니, 망했었어. 비트코인 가격이 1만 5000달러 밑으로 떨어졌어. 비트코인은 그 직

전 해에 6만 3000달러까지 올라갔었거든. 그런데 거의 4분의 1 토막이 된 거야. 코인으로 돈 좀 만졌다는 사람들도 죄다 망해 넘어갔다고. 우리나라에서도 이때 한강 찾아간 사람 숱하게 있었어. 추위가 일찍 와서 한강물이 얼어붙었기 망정이지, 여기 저기 곡소리 날 뻔했다고. 암호화폐 시장이 왜 이렇게 됐느냐. 뽀글이 때문이야. 샘 뱅크먼 프리드(Sam Bankman-Fried). 암호화폐 시장에서는 SBF로 불러. 이 새끼 때문이야. SBF는 세계에서 세 번째로 큰 암호화폐 거래소 FTX를 만들었어. 서른 초반에 억만장자가 됐지. 머리가 완전 곱슬이라서 한국에서는 뽀글이라고 했어. 얘가 처음에는 암호화폐 시장에서 천재 소리를 들었다고. 그런 SBF의 운명을 바꾼 사람이 있어. 그게 한국인이야. 자랑스럽다! 씨발 졸라 자랑스럽다. 그 이름 권도형.

권도형이라는 암호화폐 스타가 있었어. 얘가 테라(UST)-루나(LUNA)코인으로 조 단위로 돈을 벌었는데, 바로 그 테라-루나가 단 열흘 만에 산산조각이 나. 그 유명한 테라-루나 사태지. 2022년 4월 일이야. 권도형은 한국인으로는 드물게 전 세계를 대상으로 코인 장사를 했는데, 내가 보기에는 양놈들한테 당한 거야. 권도형이 어떻게 부자가 됐고, 어떻게 망했는지는 따로 책을 써야 할 정도야. 암튼 테라-루나가 망가지면서 몇몇 암호화폐 기업, 암호화폐 거래소가 문을 닫을 상황이 돼. 권도형한테 투자했다가 물린 사람들, 암호화폐 가격이 떨어지면서 연쇄적으로 손해 본 사람들, 그 손해 본 사람들한테 투자했다가 물린 사람들. 줄줄이 도미노처럼 무너졌다고.

그때 SBF가 백기사를 자처했어. 자기가 암호화폐 시장 붕괴를 막기 위해 돈을 풀겠다고 한 거야. 이 얘기를 옆에서 듣던 선수가 있었어. 세계 최대 암호화폐 거래소 바이낸스를 만든 창펑자오(Changpeng Zhao)야. 중국에서 태어났지만 캐나다로 이민 가서 국적도 캐나다로 바꾼 중국인이야. 영어 약자로 CZ라고 해. 자, 봐봐. 세계 3등 거래소를 하는 SBF가 암호화폐 시장이 어렵다고 하니까 나선 거야. 그럼 1등 거래소를 하는 CZ는 뭐가 돼. '어, 이 놈 봐라. 이 자식이 지가 뭔데 대장 노릇이야. 내가 1등인데.' 실제로 CZ가 그렇게 나왔어.

마침 CZ는 SBF가 발행한 FTT라는 암호화폐를 졸라 많이 들고 있었어. 암호화폐 시장에 한때 유행했던 게 암호화폐 거래소가 자체 코인을 발행하는 거였거든. 바이낸스는 BNB라는 코인을 발행했고, FTX는 FTT라는 코인을 찍었어. CZ는 FTX가 존재감이 없던 시절에 재미 삼아 FTT를 사서 가지고 있었다고. 바이낸스 이름으로 FTX 주식에도 투자를 하고 말야. 그런데 SBF 이 자식이 대가리가 커졌다고 지가 대장 노릇을 하겠다네. CZ 입장에서 빡이 돌아, 안 돌아?

그런데 일이 안 되려고 그러는지, 되려고 그러는지, 기사가 하나 딱 떴어. SBF가 운영하는 FTX가 알고 보니 가지고 있는 재산 대부분이 FTT라는 거야. FTX가 졸라 돈이 많은 줄 알았는데, 자기가 발행한 FTT 코인을 빼고 나면 빈껍데기라는 거야. 어라, 이거 봐라. FTX는 세계 3등 암호화폐 거래소라서 수수료 수입도 엄청났거든. 그런데 돈이 없어? 이 기사가 CZ 눈에 딱 들어왔지. 이 자식 내가 그럴 줄 알았다, 이러면서 CZ가 FTT를 팔겠다고 트윗을 날려. FTT 가격이 막 떨어져. 손 쓸 틈도 없이 떨어져. 암호화폐 거래소 FTX에 돈을 맡겨뒀던 투자자들이 불안해지지. 현금과 코인을 인출하기 시작해. 처음에는 FTX가 '우리는 괜찮아' 하면서 고객 돈을 달라는 대로 다 내줬어. 밑빠진 독에 물 붓기야. 계속 돈이 빠져나가. 뽀글이 SBF도 어쩔 수가 없는 거야. 골 때리는 게, SBF가 CZ한테 연락을 해. 형님 좀 도와주세요, 이렇게. CZ가 어떻게 했게? 그래 동상, 긍까 함부러 나서지 마라부러. 내가 도와줄탱께. 염려 말고. 일단 내가 너그 회사를 인수할랑께. 회계 장부 가꼬 와바라. 이래. SBF는 바이낸스가 FTX를 인수한다고 발표해. 이렇게 사태가 끝나는 줄 알았어. 아, 큰형님이 깔끔하게 동생 손봐 주고 정리하겠구나. 여기서 반전. CZ가 FTX 회계 장부를 후다닥 살펴봤나 봐. 어라, 이게 뭐여 시방. FTX가 생각보다 부실이 컸던 거야. 내 힘으로도 안 되겠는데, 이러면서 CZ가 FTX 인수 의사를 철회해. SBF 완전 바보되고, FTX는 그대로 무너져. 이제

2022년 11월이야.

암호화폐 시장은 대혼란에 빠졌지. 왜냐하면 바이낸스, FTX는 전 세계 암호화폐 투자자들 입장에서는 하루에도 몇 번씩 들어가서 코인 시세 확인하고, 코인 주문 넣고, 이 거래소에서 저 거래소로 코인을 옮기는 놀이터였거든. 그런데 이 두 암호화폐 거래소의 대장들이 생 양아치 짓을 한 거잖아.

더 웃긴 건 SBF가 고객 돈을 지 멋대로 썼어. FTX에 돈이 없었던 이유는 SBF가 고객 돈으로 이상한 짓을 했기 때문이야. 나중에 알고 보니 SBF는 테라-루나 사태로 큰 손실을 봤던 거야. FTX의 관계 회사로 알라메다라는 투자 회사가 있었거든. 그 회사가 테라-루나 사태로 천문학적인 손해를 봤어. 그 손해를 FTX 고객 돈을 빼서 막은 거야. 그래놓고는 지가 백기사 노릇을 하겠다고 나선 거라고. 바이낸스는 FTX 때려 잡겠다고 FTT 코인을 판다고 하고. CZ는 큰형님인 줄 알았는데 조폭 두목처럼 기어오르는 동생 때려잡기나 하고. 시장이 완전히 미쳐버렸다고.

이 엄청난 소용돌이 때문에 2022년 11월 암호화폐 시장은 사실상 붕괴됐지. 코인 가격이 줄줄이 떨어지고, 코인에 투자했던 기업이랑 투자자들도 망해 넘어가고.

암호화폐 투자자들 사이에서 SBF는 영웅이었거든. 맨손으로 코인 투자해서 큰돈을 벌었고, 암호화폐 거래소 만들었고, 알라메다라는 투자 회사도 차렸으니까. 재밌는 건 SBF가 코인으로 돈 벌 때, 그게 한국에서 번 거야. 우리나라에 코인 열풍이 분 게 2016년 무렵인데, 그때 한국에서 거래되는 비트코인이 외국에서 거래되는 비트코인보다 가격이 더 높았어. 이걸 김치 프리미엄이라고 불렀어. 한국 사람들이 화끈하잖아. 이게 돈이 된다 싶으면 막 몰려. 한국에서 비트코인 수요는 넘치는데 비트코인 공급이 딸려. 웃돈을 붙여서 거래가 됐다고. 이때 프리미엄 장사를 한 게 다름 아닌 SBF야. 예를 들어 홍콩이나 도쿄에서 비트코인을 사. 그 비트코인을 서울 암호화폐 거래소로 옮겨서 팔아. 그 돈을 홍콩이나 도쿄로 다시 가지고 와. 다시 비트코인을 사. 이걸 차익거래라고 해. 이걸 반복하는 거야. SBF는 신화적 존재였어. 근데 알고 보니 이 새끼 사기꾼이었던 거야. 테라-루나 때 손실 본 걸 FTX 고객 돈으로 매꾼 거지. 그러니 FTX가 돈이 없지.

　　SBF가 결국은 사기꾼이었지만, 얘가 해놓은 게 다 틀린 건 아니었어. SBF가 잘나갈 때 여기저기 투자를 했어. 벤처 스타트업에도 투자하고, 코인에도 투자를 했다고. SBF한테 투자를 받았다고 하면 그거 자체가 뉴스가 됐어. 투자받은 회사는 당당하게 '나 뽀글이한테 투자받았다' 이렇게 선전하고 다녔다고. 그렇지 않겠어? 예를 들어 내가 일론 머스트한테 투자금을 받았다고 해봐. 난리가 나겠지. 같은 거야. 한때는 암호화폐 시장에서 SBF가 머스크만큼이나 핵인싸였다고. SBF하고 찍은 사진, SBF하고 메일 주고받는 거, SBF하고 밥 먹는 거, 이게 암호화폐 업계에서 사업하는 데 엄청나게 도움이 됐다고.

SBF가 투자한 블록체인 중에 솔라나(Solana)라는 게 있었어. 솔라나 블록체인은 솔라나(SOL)라는 코인을 발행했어. FTX가 잘 나갈 때 SOL 코인이 FTX에 상장이 됐지. 바이낸스나 다른 대형 암호화폐 거래소에도 SOL이 다 상장돼서 거래가 됐다고. SBF가 SOL을 졸라 칭찬했어. 빠르고, 거래 비용도 싸고, 여기저기 쓸 곳도 많다고 입에 침이 마르게 칭찬을 했다고. 사람들이 SOL을 눈여겨보기 시작했지. 당연히 가격도 올라가고. SBF 자신이 SOL에 투자했고, FTX도 투자했고, 알라메다도 투자를 했지. SBF가 밀어주는 코인이니까 너도 나도 이 코인을 샀다고. 2022년 11월 FTX가 망했을 때 SOL은 어떻게 됐겠어? 한마디로 좆됐지.

봉크 게임

SOL 가격이 폭락해. 거의 손 쓸 수 없을 정도로 떨어졌지. FTT 코인만큼이나 폭락했어. SBF와 관련된 코인이라는 이유로 폭망

했다고. 솔라나 투자자들은 얼마나 실망을 하겠어. SBF 이 개새끼, 너 때문에 전 재산 날렸다, 이러면서 뽀글이 욕을 엄청 했다고. 이 분노와 실망을 풀 데가 없었지. 그때 봉크(BONK)가 나와. 봉크 밈코임 팀은 이 코인을 솔라나 블록체인에서 발행했어. 솔라나 가격이 급락하니까 봉크 코인도 빛을 보지 못하고 시름시름 앓았다고. 그런데 봉크 커뮤니티에서 아이디어가 하나 나왔어. 봉크 게임을 하나 만들자는 거야.

뽀글이를 한 대 때리면 봉크 코인을 공짜로 주기 시작했어. 글자 그대로 뽀글이 때리기 코인이 된 거야.

2023년 가을부터 암호화폐 시장이 회복하기 시작해. SBF가 사기죄로 잡혀갔고, 암호화폐 가격도 더 이상 떨어질 데가 없는 거지. 떨어진 가격은 언제가는 올라가게 돼 있으니까. 솔라나도 다시 살아날 기미가 보였어. 그때 솔라나 투자자들 사이에서 봉크가 눈에 띈 거야. 뽀글이한테 화풀이나 하자면서 SBF 때리기를 하고, 봉크 코인도 덤으로 받았다고. 암호화폐 시장에서 공짜로 코인을 나눠주는 걸 에어드롭이라고 하는데, 그게 재미가 쏠쏠해.

봉크 밈코인 뒤에는 이런 스토리가 숨어 있다고. SBF라는 영웅적 인물의 추락, CZ와 SBF 사이의 질투와 시기. 암호화폐 시장이나, 밈코인 시장이나, 결국 사람들이 만든 거잖아. 문제를 만드는 것

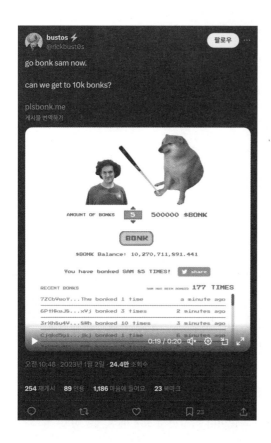

뽀글이를 한 대 때리면 봉크
코인이 공짜! 1만 봉크에 도달
할 수 있을까요? 지금 당장 봉
크를 때리러 가요.

도 사람이고, 문제를 해결하는 것도 사람이라고. 때로는 아무것도 아닌 게 기업을 망쳐. SBF가 나대지만 않았어도, CZ의 심기를 건들지만 않았어도 잘 먹고 잘 살 수 있었겠지. 그럼 CZ는 어떻게 됐을까? 이게 또 재밌어.

아메리카 퍼스트

아까 얘기한 대로 CZ는 중국계 캐나다 사람이야. 하지만 암호화폐 시장에서는 바이낸스를 범중국계 암호화폐 거래소로 봐. 그리고 미국은 점점 커지는 암호화폐 시장을 주시하기 시작했지. 자, 어떻게 됐겠어? 미국이 CZ를 좀 이상하게 보기 시작했지.

암호화폐 거래소 세계 1등이 중국계야. 그런데 전 세계 2등 암호화폐 거래소는 미국의 코인베이스거든. 3등인 FTX는 미국인이 만들었지만, 미국 내에서는 자회사를 통해서만 영업을 하고 본사는 바하마에 있었어. 새롭게 떠오르는 시장의 대빵이 중국계 바이낸스야? 2등, 3등이 미국계고? 아메리카 퍼스트잖아. 미국 법무부가 바이낸스를 탈탈 털어. 결국 바이낸스가 불법 자금 세탁을 했다는 혐의를 잡아. 바이낸스는 국적이 불분명한 회사야. 본사가 어딘지도 몰라. CZ는 처음에는 상하이에서 활동하다가, 싱가포르로 갔다가, 나중에는 두바이에서 주로 살았다고. 미국 법무부는 바이낸스와 CZ를 불법 자금 세탁 혐의로 기소해. 다른 나라 사람인데? 미국이 그런 거 따지 나. 미국이 바이낸스와 거래하는 은행들을 조지면, 바이낸스가 문 닫게 생겼는데. CZ가 제발로 미국으로 들어와서 수갑 차고 감방으로 들어갔어. 벌금도 오지게 냈지. 43억 달러. 그리고 CZ는 영원히 바이낸스 CEO는 못하게 됐어.

미국이 SBF 대신 복수를 해준 거지. 설마? 진짜야. 바이낸스와 FTX가 둘 다 흔들리니까 어떻게 됐겠어. 2등 하던 코인베이스가 빨딱 섰지. 코인베이스는 미국 내에서만 장사를 해. 상장사이기도 하고. 그런데 CZ와 SBF가 다 쇠고랑을 차면서 잠시 1등으로 올라섰다고. 아메리카 퍼스트는 계속될 거야. 바이낸스가 까불면 미국 법무부가 또 나설걸.

사가폰을 사시면 봉크를 드립니다

다시 봉크 얘기로 돌아가자. 지금부터가 진짜야. 암호화폐로 돈을 무지막지 벌었다가 지금은 빵에 있는 CZ와 SBF, 중국계 거래소를 찍어 누른 미국 정부 얘기도 흥미롭지만, 우리는 밈코인으로 돈 버는 데 더 관심이 많으니까.

2023년 가을부터 암호화폐 시장이 꼼지락꼼지락 살아날 기미가 보일 때, 솔라나는 누구도 생각하지 못했던 일을 시작해. 이른바 '웩 더 독'(Wag the dog) 작전이야. 개 꼬리가 개 몸통을 흔든다는 뜻이야. 솔라나는 SBF 때문에 지옥을 갔다 왔어. SBF가 힘이 있을 때는 SOL 코인이 잘 나갔다고. 뒤를 받쳐주는 후원자가 든든했으니까. SBF가 빵에 가고 나서는 SOL도 시궁창에 빠졌지.

솔라나를 만든 사람은 아나콜리 야코뱅코(Anatoly Yakovenko)라는 개발자야. 야코뱅코가 생각한 거야. 이대로는 다 죽는다. 뭔가 수를 써야겠다. 그때 마침 봉크가 뜨기 시작했거든. 가만히 보니까 봉크를 이용하면 살 길이 보일 거 같아. 솔라나는 과감하게 솔라나 폰을 만들기로 해. 솔라나 블록체인이 탑재된 스마트폰을 만들겠다는 거지. 오잉? 지들이 애플도 아니고, 삼성전자도 아닌데 자체 폰을 만들어? 이게 신의 한 수야. 스마트폰 제조는 중국이나 대만에 외주를 주면 돼. 솔라나는 그 설계만 한다고. 설계도 다 할 필요가 없어. 철 좀 지난 스마트폰을 그대로 베껴도 돼. 이 폰의 가치는 솔라나라는 블록체인과 그 블록체인에서 가동하는 어플리케이션이 깔린다는 거니까.

폰 이름을 사가(Saga)라고 지었어. 솔라나가 휴대폰을 만든다고 대대적으로 홍보를 했지. 독자님들 같으면 이걸 사겠어? 당연히 안 사지. 애플, 삼성이 만든 훨씬 좋은 폰이 있는데. 처음에 사가는 솔라나를 정말 좋아하는 사람들, 솔라나 커뮤니티에서만 몇 대 팔렸어. 야코뱅코가 좆됐다고 생각했겠지. 그때 또 아이디어를 내. '사가폰을 사면 봉크 코인을 에어드롭으로 준다'라고 홍보를 한다고. 사가폰 가격이 1000달러 가까이 했거든. 성능 대비 가격도 졸라 비싸니까 잘 안 팔렸지. 그런데 마침 봉크 코인값이 막 뛰기 시작했어. 사가폰을 1000달러 주고 사면 봉크를 받았는데, 그 봉크 가격이 자고 일어나면 1500달러가 돼 있는 거야. 눈이 돌아가 안 돌아가. 폰을 사면 코인을 덤으로 주는 거였는데, 사정이 바뀐 거지. 코인을 얻기 위해 폰을 사기 시작해. 사가폰이 이렇게 완판이 된다고. 그때 봉크 코인이 너무 인기가 좋아서 쉽게 구할 수가 없었거든. 그런데 사가폰 신청하고 대금까지 지불하면 코인이 들어와. 그러니까 폰이 없어서 못 팔 상황이 됐어. 당시 사가폰은 시중에 나오지도 않았어. 신청을 하면 나중에 준다고 하고 사전 청약을 받았거든. 그런데도 초도 물량이 완판된 거야. 봉크 받을려고. 이해해? 꼬리가 몸통을 흔든 거지.

봉크 코인 자체는 강아지 이미지를 차용한 평범한 밈코인이야. 이게 무슨 특별한 기술이 있거나 한 게 아니고, 앞서 얘기한 SBF에 대한 분풀이로, 재미 삼아 만든 거야. 이게 히트를 치니까 사가폰까지 덩달아 뜬 거야. 솔라나는 공식적으로는 봉크 코인과 아무 관계가 없다고 말해. 봉크 코인이 돌아가는 블록체인이 솔라나일 뿐 봉크 밈코인을 제작한 팀은 알지도 못한다고 말한다고. 하지만 사가폰 판매 당시 솔라나와 봉크가 함께 일을 꾸몄다고 보는 게 타당하겠지. 누가 보더라도 말야. 사가폰은 몸통, 봉크 코인은 꼬리였는데, 꼬리를 얻기 위해 몸을 사는 형국이 된 거지.

솔라나를 만든 야코뱅코는 한때 퀄컴에서 일한 경력이 있어. 퀄컴은 안드로이드 스마트폰 칩을 만드는 회사야. 야코뱅코는 예전부터 솔라나 블록체인이 장착된 이동통신 장비를 만들고 싶어 했다고 해. 사가폰도 그래서 나온 거고. 마침 봉크가 인기를 끄니까, 사가폰에 봉크 끼워팔기가 먹혔지. 솔라나는 사가폰2도 내놨어. 인기가 너무 좋아서 업그레이드 된 스마트폰을 내놓은 거지. 사가폰2도 사전 예약을 할 때 봉크를 같이 줬어. 이 폰은 언제 출시될지도 몰라. 그래도 다 팔렸어. 소문에는 솔라나가 사가폰3도 만든다고 해. 이번에는 스마트폰이 아니고 뭔가 다른 이동통신 기기라는 얘기도 있어.

야코뱅코가 지금 무슨 생각을 하는지 아무도 몰라. 아무튼 솔라나의 부활에 밈코인 봉크가 진짜 중요한 역할을 했어. 솔라나는 봉크한테 고맙다고 해야 해. 봉크가 대성공을 거둔 후 어떤 일이 일어났겠어? 솔라나 블록체인을 이용한 밈코인들이 하루에도 수백 개가 만들어졌어. 솔라나는 원래 밈코인을 위해 만들어진 블록체인이 아니야. 그런데 봉크가 인기를 끌고, 그게 대박이 나면서 솔라나 블록체인 위에 밈코인을 만드는 게 대유행이 됐다고. 기회는 찬스야. 봉크가 만든 기회를 재빨리 따라가면 돈을 벌 수 있어. 밈코인이 좋다 나쁘다, 필요가 있다 없다, 쓸모가 있다 없다 논쟁하는 사람들은 논쟁하라고 해. 우리는 밈코인을 찍자고. 돈 벌자고. 오케이?

4

맞든 틀리든 노이즈가 답이다:
마가, 마더

올해 여름 나는 미국에 있었어. 한국의 장마가 싫어서 도망치듯 비행기를 탔지. 출판사에 완고를 7월 말까지 주기로 했기 때문에 미국서 놀지도 못하고 컴퓨터 앞에 앉았지. 그때 띵동 하면서 뉴스 속보가 올라오는 거야. 미국 대선 유세 중이던 트럼프가 총을 맞았다는 거야. 뭐야, 이거 하면서 뉴스를 눌렀지. 하, 미친놈이 또 지랄을 했구나 했어. 미국에서는 총질하는 게 흔하니까. 근데 사진을 보니까 핏자국이 있는 거야. 어라. 진짜 맞았네. 그 이후의 일은 굳이 얘기할 필요가 없겠지. 트럼프가 갑자기 영웅이 됐으니까. 나는 트럼프를 딱히 좋아하지도 싫어하지도 않아. 우리나라 정치인들이 사고치는 것도 골 때리는 판에, 남편과 마누라가 맨날 신문에 나는데, 남의 나라 대통령까지 내가 신경 쓸 건 없잖아. 미국 대통령은 미국 애들이 신경을 써야지. 근데 내가 이번에 놀랐잖아. 진짜 총알이 귀를 스치고 지나갔고, 아수라장이 됐는데, 경호원들 틈 사이에서 트럼프가 일어서면서 주먹을 불끈 쥐고 "파이트"(Fight)를 외친 거야. 우아, 멘탈 갑이다. 이 상황에서 어떻게 저런 액션을 하냐. 입이 안 다물어지더라고. 내가 그 영상 몇 번을 봤거든. 솔직히 겁이 났을 거 아냐. 저격범이 어디에 몇 명이 있는지 모르고, 스쳤지만 어쨌든 피가 나는데, 그 상황에서 순간적으로 생각한 거잖아. 트럼프 멘탈 진짜 갑이다, 했지.

트럼프 밈코인

트럼프를 테마로 한 밈코인이 있어. 트럼프 본인이 만든 건 아니지만 트럼프라는 인물이 워낙 화제성이 높다 보니 누군가 트럼프 밈코인을 만들었거든. 그것도 여러 종류가 있어. 그중 대표적인 코인이 마가(MAGA)야. '미국을 다시 한번 위대하게'(Make America Great Again)의 약자지. 이 모토는 트럼프의 정치 선전 문구야. 밈코인 이름은 트럼프(Trump)고 이 코인의 약자 표기를 MAGA로 해. 마가 코인이 처음에 나왔을 때는 그저 그냥 그랬어.

그리고 트럼프 밈코인만 있는 게 아냐. 바이든 밈코인도 있어. 보덴(BODEN)이라는 코인이야. 바이든(Biden) 이름을 비틀어서

전 세계 악의 축, 위대한 수령
동지. 밈코인은 국경도 사람도
가리지 않는다. 흥하면 뜰 뿐
이다.

일부러 보덴으로 쓴 거야.

만약 한국에서 정치인 실명을 달고, 누구누구 코인을 만들면 난리가 날걸. 양쪽 지지자들이 길길이 뛰겠지. 그렇지 않아도 '코인' 하면 이미지가 안 좋은데, 감히 누구 이름을 써, 이러면서. 경찰이나 검찰이 나설지도 모르지. 미국도 비슷해. 여기 와서 보니까 현재 대통령을 배출한 여당인 민주당을 지지한 쪽과, 야당 공화당을 지지하는 쪽이 서로 말도 잘 안 섞어. 근데 밈코인 세계는 그걸 더 좋아해. 화제성을 만들면 장땡이야. 내가 어떤 정치적 태도를 가졌는지는 중요하지 않아. 다른 사람들의 정치적 욕구를 밈코인이 채워줄 수 있다고 생각하면 만들어. 미국인들이 생각하는 대표적인 악의 축, 김정은 코인이 있는지 찾아봤어.

있어. 졸라 위대한 수령 동지를 귀엽게 그려놨지. 이거 법에 걸리나? 귀엽다고 한 게 북한 체제 찬양인가? 아, 몰라. 암튼 김정은 밈코인이 있어. 이 코인이 잘될지 안 될지는 모르겠어. 트럼프가 대통령이 되고, 김정은과 다시 만나서 야구 구경을 하고, 뭐 이런 쇼를 연출하면 또 모르지.

밈코인은 심각하지 않다니까. 트럼프 밈코인 마가도 처음에는 아무 생각 없이 만들었을 거야. 트럼프가 하도 기행을 많이 하니까. 대통령이라는 사람이, 그것도 미국 대통령이라는 사람이 부인 아닌 여자랑 자고, 그걸 입막음하려고 돈을 줬다고 재판을 받잖아. 상상이 가? 하기야 우리나라 정치인도 그에 못지 않지. 아무튼 정치는 화제성이 높아. 그럼 밈코인이 되는 거야.

마가 코인은 저격 사건 이후 가격이 다시 한번 크게 올랐어. 시가총액이 3억 달러나 돼. 우리 돈으로 4000억 원이 넘어. 독자님들은 이상하다고 할 거야. 어떻게 이런 코인이 시총이 이렇게 크냐고. 약간 허수가 있어. 마가 코인은 발행하기로 한 코인 수량이 있어. 코인을 너무너무 많이 발행하기 때문에 약간만 가격이 올라도 시총이 뻥튀기가 돼. 실제 유통되는 코인의 양은 잘 몰라. 신경도 안 써. 그냥 가격이 튀면 팔고, 떨어지면 사고, 이 지랄하면서 노는 거야. 이게 의미가 있냐, 없냐 따지면 밈코인 못해. 그냥 노는 거야. 마가는 트럼프 저격이라는 역사적인 사건이 있었으니까 더욱 신이 났지. 가격

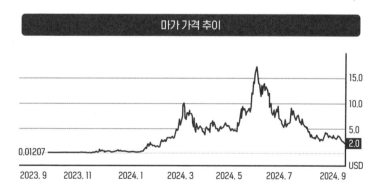

마가 가격 추이

차트를 봐봐.

　2024년 7월 14일 총격 사건 이후 가격이 널뛰기를 하지. 이 코인 한 개 값은 사건 직후에 7달러였어. 처음에 MAGA가 나왔을 때는 1센트? 이것도 정확한 게 아냐. 암튼 거의 제로 수준이었어. 근데 7달러까지 올라간 거야. 한 700배 상승한 거지.

　정치가 뭐지? 쇼야. 트럼프는 정치판에 들어가기 전에 예능 프로그램 진행자였잖아. "너는 해고야!"(You are fired!) 라는 유명한 대사 말이야. 트럼프 밈코인은 뭐야? 쇼야. 이걸 무슨 심각한 사회 현상이나, 정치 현상으로 볼 필요가 있나? 우리가 쇼를 보면서 웃으면 그만이지. 거기서 무슨 철학을 얘기하나. 머리 아프게 쇼 보면서 무슨 철학이야. 마찬가지라고. 정치 밈코인은 그냥 쇼야.

　트럼프가 재판 받으면서 범죄자들이 찍는 머그샷을 찍었어. 트럼프는 그 머그샷 사진으로 NFT라는 걸 만들었다고. NFT는 '대체 불가능 토큰'(Non Fungible Token)이라고 해서 암호화폐의 일종이야. NFT 하나하나에 일련번호를 붙여서 팔기 때문에 일종의 수집품이라고, 디지털 수집품. 트럼프는 NFT를 팔아서 그 돈을 선거 자금으로 썼어. 자기가 범죄 피의자로서 찍은 사진 이미지로 돈을 벌었다고. 다 쇼지. 내가 이렇게 정치적으로 탄압받는다는 걸 머그샷으로 일부러 지지자들에게 알린 거야. 트럼프는 쇼맨이야. 그러니까 총을 맞고

서도 벌떡 일어나서 피를 흘리며 오른손을 번쩍 들지. 이 장면은 미국 역사책에 들어갈 거야. 너무나 쇼킹한 순간이니까. 총알이 몇 센티만 옆으로 갔어도 트럼프는 죽었어. 그 생사의 순간에 어떻게 그런 액션을 하냐고. 쇼맨이니까. 이건 기회니까. 지지자들에게 내가 살아 있음을 보여줄 절호의 찬스니까. 그걸 살린 거지. 경호원들에 둘러싸인 몇 초 동안 생각했겠지. 지금 나는 어떻게 행동해야 하나. 동물적인 감각인 거야. 우리는 쇼를 즐겨. 트럼프의 쇼를. 그 결과물이 마가 코인이야. 이걸 가지고 무슨 대단한 정치, 사회, 철학을 들먹이며 분석할 필요가 없다고.

내가 만약 자문을 할 수 있다면 나는 김건희 여사님께 밈코인을 찍으시라고 하겠어. 그 문제의 명품백을 가지고. 내가 단언컨데 이건 대박이야. 여사님을 좋아하는 쪽에서는 당연히 살 거고. 싫어하는 쪽에서는 그 밈코인 욕을 하면서 저절로 홍보를 해줄 거야. 이제는 하다하다 암호화폐를 찍냐며 날뛰겠지. 소란스러워야 해. 노이즈를 만들라고. 극단적으로 좋아하거나, 극단적으로 싫어하거나. 양측으로 갈려서 졸라 싸우게 만들면 밈코인은 성공해. 세상 일을 어찌 알아. 영부인을 평생 할 수 있는 것도 아니고, 다음 대통령이 취임하면 물러나야 하는데 후임 대통령이 명품백 사건을 그냥 덮을지, 다시 다 들춰내서 뭔 일을 할지. 만약 재판으로 간다면 돈이 솔찬히 들 거 아냐. 변호사 비용도 내야 하고, 돈 들어갈 일이 많을 텐데.

진짜 쇼걸의 새로운 돈벌이

쇼는 쇼맨과 쇼걸이 해야지. 여기 진짜 쇼걸이 만든 밈코인이 있어. 이기 아잘레아(Iggy Azalea). 이 사람 물건이야. 나는 음악을 잘 몰라서 이기를 밈코인으로 먼저 알았어. 졸라 쎈 래퍼야. 내가 랩 가사를 봤거든. 완전 19금이야. 나름 인기가 있나 봐. 비즈니스에도 소질이 있어. 사업도 많이 하더라고.

내가 이기의 밈코인을 알게 된 사연이 재밌어. 쇼를 잘하는 쇼맨과 쇼걸을 밈코인 선수들이 가만둘 리 없지. 누가 이기를 모티브로 밈코인을 만들려고 한 거야. 그러니까 이기가 열받았어. 내 허락도 없이 누가 감히, 이러면서 자기가 밈코인을 직접 만들어요. 코인 이름이 마더(MOTHER)야. 자기 노래 중에서 따온 건데 어떤 노래고, 가사가 뭔지는 얘기하지 않을게. 19금, 아니 35금이야. 아무튼 이 밈코인이 순식간에 인기를 끌었어.

마더 코인은 한때 20센트까지 올라갔어. 처음 시작할 때는 그냥 제로였다고 보면 돼. 현재 가격은 5센트, 시가총액은 6000만 달러가 약간 안 돼. 자신의 인기를 바탕으로 순식간에 코인을 찍어서 팔았는데, 이게 암호화폐 업계에서 논란이 됐어.

자, 봐봐. 마더 코인은 쓰임이 뭐야. 쓰임이 없지. 그런데 이게 한때는 2억 달러가 넘는 시총을 가졌다고. 말이 돼, 안 돼. 졸라 말이 된다고. 왜 이걸 말이 안 된다고 생각하지? 내가 좋아하는 가수가 있어. 그 가수가 콘서트를 한대. 내가 있는 동네에서는 티켓이 다 팔렸어. 콘서트 일정을 보니까 저기 강원도 정선에서 하는 콘서트에는 자리가 있어. 그걸 샀어. 이건 말이 돼, 안 돼? 씨발 내가 좋다는데 왜 지랄들이야. 이기가 좋아서 코인을 사겠다는데. 팬심으로. 그래도 좀 과하지 않나?

나도 우리 이모 할머니가 음주 운전을 한 그 트로트 가수 콘서트를 멀리 지방까지 가서 보시겠다고 할 때 살짝 그런 생각했어. 정선까지 가서 콘서트를 구경하는 건 좀 심한 거 아닌가? 진짜야. 아, 할머니 그 가수가 그렇게 좋으세요? 정선까지 가서 콘서트를 꼭 보셔야 해요? 정선 콘서트는 음주 사건 전이기는 했어. 그래도 어떻게 해. 좋으시다는데. 표를 끊어 드렸지.

마더 코인 가지고 비슷한 생각을 한 사람이 있어. 이더리움 블록체인을 만든 비탈릭 부테린이 한마디 했다고. 유명한 연예인들이 자신들의 명성을 이용해서 밈코인 장사를 하시면 안 됩니다, 이렇게. 그랬더니 이기가 어떻게 나왔게? 새끼야 닥치고 밥이나 먹어, 그

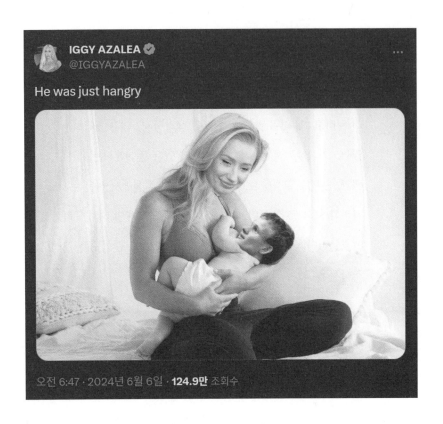

내 코인을 가지고 시비를 걸
어? 내 인기를 이용해서 돈을
벌면 안 돼? 네 이름값은 돈이
고 내 이름값은 똥이냐?

랬어. 이 대목이 너무 멋진 거야. 실제로 이기가 욕을 한 건 아니고, 부테린 얼굴 사진을 합성해서 자기가 엄마가 돼서 젖을 물리는 이미지를 엑스에 올렸어.

너는 배가 고팠구나, 이러면서. 배고픔(hungry)을 의도적으로 'hangry'라고 틀리게 쓴 거 봐. 사실 '배고픔'이라는 표현은 이기의 랩 가사에도 등장해. 문제의 그 35금 랩에 등장해. 나는 아직 배가 고프다, 돈을 더 벌고 싶다 그러면서 속사포 랩을 한다고. 부테린이 내 밈코인을 가지고 비판을 하는데, 나는 배가 고프니깐, 돈을 더 벌겠다고, 이 새끼야. 이런 거야. 이기 팬들은 속이 후련하다고 했겠지.

왜 우리는 항상 올바름에만 집착하지? 올바름이 뭔데? 내 인기를 이용해서 돈을 벌면 안 돼? 그럼 돈은 어떻게 벌어야 하는데? 고속도로 방향을 내 땅 근처로 틀어서? 땅값을 미친 듯이 올려서? 기업 보고 북한에 돈 보내라고 하고, 그걸로 통일 사업하는 정치인 코스프레를 해서? 밥은 법인카드로 먹고? 명품 백은 선물이고? 대체 뭐가 달라. 왜 힘 있고, 돈 있는 것들은 그걸로 돈을 더 벌어도 되고, 나는 안 되는데?

밈코인의 세계는 제한이 없어. 그걸 제한하는 것 자체가 밈코인의 대상이야. 이기가 부테린을 놀리는 밈 이미지 자체가 마더 밈코인의 연장선상에 있다고. 물론 마더 코인을 투기적인 이유로 산 사람들이 있어. 그렇지만 이기가 총으로 협박했나, 그 코인 사라고? 아니잖아. 자기가 자기 책임하에 샀다고. 팬심으로 샀건, 투기 목적으로 샀건, 그냥 재미로 샀건. 누군가가 그걸 사라 마라, 하라 마라 성인군자처럼 얘기할 건 없다는 거지. 난 이기의 밈코인을 사지 않을 거야. 그렇지만 부테린을 조롱한 밈 이미지는 두고두고 간직할 거야. 대차잖아. 멋있잖아.

5

탄압에 맞서다: 톤, 리도

이 동네 국룰 중 하나가 언론에 잘 나오지 않는 거야. 이기처럼 본캐가 가수인 경우는 어쩔 수 없지만, 밈코인이나 암호화폐로 돈을 벌었으면 이름과 얼굴을 숨기는 게 상책이야. 왜냐하면 잘되면 잘되는 대로, 안 되면 안 되는 대로 문제가 되거든.

그런데 어쩌다 보니 전 세계 언론에서 주목하는 인물이 하나 있어. 파벨 두로프(Pavel Durov)야. 다음 페이지의 사진을 보면 알겠지만, 잘 생겼지. 몸도 좋아.

사생활 보호 메신저, 텔레그램

전 세계적으로 9억 명이 가입한 텔레그램 메신저 앱을 만든 사람이야. 러시아 출신이고, 돈도 엄청 많아. 두로프가 왜 웃통을 훌

당신이 어떤 얘기를
누구와 나누는지
우리는 절대 보지 않는다.

렁훌렁 벗느냐, 이게 푸틴하고 관련이 있어. 두로프와 그 형이 수학 천재, 컴퓨터 천재거든. 페이스북이 나온 걸 보고, 러시아에서 비슷한 SNS를 만들어. 이게 대박을 치지. 러시아 정부가 그 SNS 운영권을 노린 거야. 두로프가 거절했어. 결국 쫓겨나요. 형이랑 같이 전 세계를 유랑(?)하며 새롭게 만든 게 텔레그램이야. 텔레그램은 사생활 보호, 프라이버시를 최고의 덕목으로 생각해. '당신이 어떤 얘기를, 누구와 나누는지 우리는 절대 보지 않는다'가 텔레그램의 신조야. 러시아처럼 중앙화된 국가에서 텔레그램이 더 인기야. 당연하잖아. 사생활 보호가 되니까. 그럼 러시아에서 텔레그램을 막았을까? 아니, 러시아 국민들, 러시아와 싸우는 우크라이나 국민들, 모두 텔레그램을 써. 이 메신저가 사용해 보면 좋거든. 대체 메신저를 만들기에는 너무 늦었지. 국민 메신저가 된 거야. 러시아는 두로프가 밉지만 텔레그램을 막지 않았어. 푸틴이 무슨 일만 있으면 웃통을 벗는 사진을 찍잖아. 두로프가 그걸 패러디하면서 놀리는 거야. "러시아 남자라면 추운 겨울 웃통 정도는 벗어줘야지" 하면서, 푸틴한테 메롱메롱 하는 거라고.

이렇게 러시아와 텔레그램은 밉지만 미워할 수만은 없는 관계야. 그런데 진짜 사고는 서방 국가에서 쳤어.

프랑스, 두로프를 체포하다

두로프는 러시아를 떠난 후 프랑스 국적을 취득했어. 자가용 비행기로 미국 샌프란시스코에도 자주 가. 두바이에 사업 근거지를 두고 아랍에미리트 국적도 가졌어. 텔레그램에서 오가는 대화 내용에 관심이 있는 건 러시아뿐만이 아니야. 미국, 프랑스, 두바이도 관심이 있지. 왜? 그 안에서 별별 얘기를 다 하니까. 이슬람 극단주의자들은 전 세계 SNS를 다 써. 자기들 홍보를 위해서, 조직원들과 비밀 대화를 위해서. 엑스, 유튜브, 어쩌면 카카오톡도 쓸걸? 서방의 정보 당국이 그걸 훔쳐보고 싶을 거 아냐. 텔레그램에 살짝 물어본 거야. "혹시 이러이러한 애들이 너희 앱에 가입했어? 걔네들이 무슨 얘기 하는지 알려줄 수 있어?" 이렇게.

두로프가 그걸 절대 안 알려주지. 정보는 돈이야. 돈은 정보고. 머스크가 정의한 돈의 개념이 여기에도 딱 맞아. 동시에 정보는 안보지. 텔레그램이 성공한 이유가 '우리는 당신들 대화를 엿듣지 않아요'인데 그걸 미국이나 프랑스 정보 당국에 준다고 생각해 봐. 너희도 별 수 없네 하면서 사용자들이 텔레그램을 떠나겠지. 두로프는 서방 당국에도 요주의 인물이라고.

텔레그램에 별별 놈들이 다 꼬여. 코인 매니아들도 대부분 텔레그램으로 정보를 주고받아. 정치인들도 써. 카톡은 대화 내용을 정보 당국에 쪼로록 갖다 바치기 때문에 진짜 중요한 정치 대화는 카톡에서 안 해요. 윤석열 대통령도 취임 초기에 국민의힘 권성동한테 체리따봉 날린 게 텔레그램이잖아. 이준석을 당 대표에서 몰아내라고. 그게 딱 카메라에 잡혔지.

정치인뿐 아니라 테러, 마약, 매춘, 무기 거래, 자금 세탁 등등 온갖 잡놈들이 텔레그램에 우글우글하다고. 우리나라 N번방 사건도 그중 하나고. 두로프는 텔레그램에 잡놈들이 많지만, 그렇다고 프라이버시 보호 원칙을 깰 수는 없다는 게 지론이야. 서방도 두로프를 좋아하지 않아.

그런데 프랑스가 갑자기 두로프를 잡아갔네. 파리 공항에 내리는 걸 체포한 거야. 난리가 났지. 프랑스 경찰은 이렇게 말했어. 텔레그램에 온갖 잡놈, 테러리스트, 성착취 미친 놈들이 넘쳐나는데 두로프가 아무 조치도 안 한다, 그래서 몇 가지 물어볼라고 잡아간다, 이렇게.

텔레그램은 이렇게 받아쳤어. 아니 그럼 전화 회사 대표는 왜 안 잡아? 세상의 나쁜 일들은 모두 전화로 하잖아? 전화 회사와 전화 회사 대표가 그런 나쁜 놈들을 검열하고, 전화선을 끊어야지! 같은 논리로 엑스의 머스크, 유튜브 운용하는 구글 대표도 잡아가야지!

왜 하필 텔레그램이냐는 거지. 정치적 노림수가 있다는 거야. 러시아가 텔레그램을 못마땅해하면서도 메신저로 쓴다고 했잖아. 러시아 군대도 이걸 보조적인 통신 수단으로 써요. 두로프를 잡아다 족치면서 러시아를 옭아맬 정보를 내놓으라고 하겠지. 봐봐. 서방이나 러시아나 원하는 건 사람들이 무슨 얘기를 하느냐야. 그게 친구들 간의 잡담인지, 테러 모의인지, 러시아 군대의 공격 명령인지, 그걸 알고 싶은 거야. 텔레그램이, SNS 운영사가 그걸 어떻게 구분해? 그니까, 너희는 우리가 엿볼 수 있게 슬쩍 채널을 열어줘. 엿보는 건 우리가 알아서 할 테니. 일이 이렇게 흘러가는 거라고.

프랑스가 두로프를 체포해서 텔레그램에 접근할 수 있는 비밀 채널을 얻었는지, 못 얻었는지는 영원히 알 수 없겠지. 다만 텔레그램이 침범당했으니, 9억 명의 이용자는 누군가 내 메시지를 볼 수 있다는 생각을 해야 할 거야. 여기서 새로운 밈코인이 등장해.

자유의 상징이 된 밈코인

텔레그램이 톤(TON)이라는 블록체인과 암호화폐를 만들었어. 이름도 거창해 '더 오픈 네트워크'(The Open Network), 줄여서 TON. 이게 큰 인기야. 모든 블록체인은 사람들에게 어필하기 위해 밈코인을 직접 찍거나, 찍어내라고 장려해. 톤도 마찬가지로 여러 가지 밈코인이 자기들 블록체인에서 활동하기를 바란다고. 이 중에 하나가 레지스탕스독(Resistance Dog)이라는 밈코인이야. 글자 그대로 저항하는 개새끼지. 줄여서 리도(REDO). 이 밈코인은 2024년 1월에 익명의 개발자가 만들었어. 그리고 곧바로 코인을 팔아제끼고 빠져. 밈코인 업자들이 늘 하는 짓이지. 이걸 눈여겨본 어떤 그룹이 있어. 가만히 보니까, 리도 이름이 좋은 거야. 검열에 저항하는 개, 이른바 저항견이지. 얘네들 생각은 이거야. 텔레그램이 사생활 보호를 최우선으로 생각하고, 러시아에서도 쫓겨났다. 이거야 말로 언론 자유와 온갖 검열에 맞서 싸운 대표적인 사례 아니냐. 리도를 저항과 자유의 상징으로 만들자!

리도는 어떻게 됐을까? 처음에 반짝 인기 끌다가 시들시들해졌어. 먹고 살기도 힘든데 언론 자유, 검열 저항은 무슨 개풀 뜯어먹는 소리냐. 그런 거는 돈 많은 머스크나 두로프 같은 애들이나 하라고 하고, 우리는 도지코인처럼 대박 나는 밈코인이 더 좋다, 이랬지.

그런데 떡하니 두로프가 프랑스에서 체포됐잖아. 어라, 이거 봐라. 텔레그램이 탄압받네. 그것도 검열에 저항하고, 국가 기관에 정보를 주지 않은 것 때문에? 톤 커뮤니티에 공식 엑스 계정이 있어. 엑스의 대문 프로필을 리도 캐릭터로 바꾼다고. 리도가 저항의 상징

"모두를 위한 TON." TON은
텔레그램 내에 웹3 생태계를
구축함으로써, 누구나 디지털
자산을 쉽게 소유할 수 있게 한
다고 스스로를 선전한다.

이 되는 거지.

검은 색 후드를 쓴 개가 리도의 공식 캐릭터야. 로빈 후드 같잖아. 이걸 개로 의인화한 거지. 리도 밈코인 가격이 어떻게 됐겠어? 두로프가 체포되고 하루 만에 코인값이 100퍼센트 상승해. 별 볼일 없던 밈코인이 대박이 나는 순간이야. 봤지? 밈코인 성공은 운이 따라야 해. 마침 그때 두로프가 체포되지 않았다면? 리도는 그저 그런 밈코인 중 하나로 사라졌겠지. 물론 리도가 모티브를 잘 잡긴 했어.

애초에 리도의 스토리텔링도 기가 막혀. 그 옛날 잉글랜드가 스코틀랜드를 통치하던 시절, 윌리엄 월라스(William Wallace)라는 평민이 한 명 있었거든. 월라스가 사람들을 모아서 잉글랜드 왕에게 대항해요. 스코틀랜드 귀족들은 잉글랜드가 싫지만 이해관계 때문에 가만히 사태 추이를 지켜봤지. 월라스가 진짜 싸움을 잘해. 잉글랜드 왕의 군대를 격파해. 신이 났지. 스코틀랜드 귀족들도 슬쩍 월라스 편을 들어. 같이 잉글랜드 군대랑 한 판 뜨기로 했어. 근데 귀족들이 배신을 땡겨요. 지원병을 보내기로 하고는 안 와요. 아무튼 돈 있고, 권력 있는 새끼들은 믿으면 안 돼. 월라스가 잡혀요. 사형을 당해. 아주 잔인하게 죽여. 이걸 영화로 만든 게 〈브레이브 하트〉야. 지금은 할배가 된 멜 깁슨이 리즈 시절 월라스 역을 했지. 사형당하는 월라스가 맨 마지막에 '자유'를 외치며 절규해.

Libert pour Telegram, libert
pour Durov.
텔레그램에 자유를, 두로프에
게 자유를!

"Freeeeeeedooooooom!!!!!!!!"

리도가 이걸 써먹어요. "Reeeeeeeeedoooooooooo!!!!!!!!"

리도의 홍보 이미지가 딱 그거야. 후드를 쓴 개들이 리도와 함께 압제에 저항하는 거지. 처음부터 의도를 가지고 이 이미지를 만든 건 아냐. 그런데 두로프가 체포된 후 상황이 달라졌어. 여기서 리도는 누구야? 두로프. 악독한 군주는 누구야? 프랑스. 무대가 영국에서 프랑스로 바뀐 거지. 리도 밈코인이 앞으로 어떻게 되느냐는 프랑스에 달렸어. 프랑스가 두로프를 기소하고, 감옥에 가두고, 텔레그램을 압수수색하면 리도 코인 가격은 더 올라갈 수도 있어.

4
돈을
그렇게 쉽게
번다고?

1

밈코인 전략 전술

밈코인으로 돈을 벌고 싶다면 반드시 알아야 할 것들을 지금부터 얘기할 거야. 밈코인에 투자하는 게 아니라 우리는 밈코인을 만어야 해. 좋은 밈코인, 오를 것 같은 밈코인 고르자는 얘기가 아니라고. 이 점이 달라. 남들이 만들어 놓은 밈코인을 사는 건 누구나 할 수 있어. 하지만 이 책의 독자님들과 나는 남이 지은 찬밥만 먹지는 말자고. 밈코인은 내가 실컷 가지고 놀다 보면 저절도 돈이 벌리는 거야. 남의 눈치 보지 말고, 스스로 즐기면 돼.

비법보다 실행이 필요하다

나는 이렇게 돈을 벌었다, 100만 원으로 1억 원 만들기, 부자 아빠 가난한 아빠 등등의 재테크 비법서는 너무 많아. 이상하지 않아? 이렇게 많은 비법서가 있다면 비법서가 아니잖아? 뭔놈의 비법이 이렇게 많아. 비법은 비밀스러운 방법인데, 이렇게 대놓고 책을 쓰면 그게 비법이야? 이 현상을 먼저 짚고 넘어가자고. 이것도 일종의 게임이론에 해당해.

만약 내가 그 비법으로 돈을 벌었다면, 굳이 책을 써서 남에게 알려주는 이유는 뭘까? 나는 이미 충분히 돈을 벌었으니까, 다른 사람들에게도 알려줘야지, 나는 착한 사람이니까? 대표적인 비법서로『부자 아빠 가난한 아빠』라는 책이 있어. 난 이 책을 당연히 읽지 않았어. 근데 그 저자에 대해 들은 얘기가 있어. 이 아저씨가 하는 일마다 실패했다는 거야. 그래서 마지막으로 재테크 책을 썼는데 그게 대박이 난 거야. 이 양반이 비법을 가진 게 아니고, 재테크 비법이라고 책을 쓰는 게 비법이었던 거지. 이해가 감? 비법은 없다고. 비법을 찾는 많은 사람들에게 이게 비법이에요, 하고 알려주는 게 비법이야.

진짜 비법을 가진 사람이 있다고 가정해 볼까. 책을 써서 그 비법을 공개했을 때 얻는 게 비밀로 간직하면서 얻는 것보다 더 커야 비법을 공개할 거 아냐. 내가 천사가 아니라면 말이지. 따라서 시중에 나온 모든 비법서는 읽을 필요가 없어. 대부분의 경우 그 비법은 과거의 것일 테니까. 출판사에서 밈코인 책을 쓰자고 할 때, 이 점을 분명히 하자고 했어. 나는 어찌어찌 밈코인으로 눈먼 돈을 벌었는데,

그걸 책으로 써봐야 시중의 비법서와 뭐가 다르냐, 나는 쓰기 싫다. 이랬더니, 출판사에서 지랄 좀 작작하고, 써라, 이래. 너 같은 새끼가 눈먼 돈을 벌었으면 다른 독자님들도 돈을 벌 수 있는 거 아니냐. 책을 쓴다고 네가 번 돈 누가 가져가는 것도 아니지 않냐? 내가 출판사에 삑이 갔잖아. 앞에 얘기한 래퍼 이기 같잖아. 대차더라고. 아무튼 그래서 이 책이 세상에 나오게 된 건데, 독자님들은 딱 하나 실행 가능성을 봐야 해. 남들이 이렇게 저렇게 해서 돈 벌었다, 좋겠다, 이러면서 비법서를 뒤적거릴 게 아니라 직접 해봐야 한다고. 그 비법서가 현재와 미래를 반영하는 비법서인지, 과거의 자기 자랑질인지를 냉정하게 보셔야 한다고.

밈코인은 할 때마다 새로운 게임

'뚱뚱한 긴 꼬리'라는 말이 있어. 앞에서 본 밈코인의 생명 그래프를 떠올려 봐. 대부분의 밈코인은 며칠 살다가 죽어. 그런데 도지코인처럼 어쩌다가 아주아주 오래 살아남아서 퍼져나가는 밈코인이 있어. 이런 놈들이 바로 뚱뚱한 긴 꼬리에 속한 놈이야. 독자님과 나는 이 긴 꼬리에 어떻게든 올라타야 해. 다시 말해 생명력이 긴 밈코인을 만들어야 하는 거지. 그 비법이 뭐냐? 될 때까지 하는 거임.

긴 꼬리에 안착할 때까지 여러 번 하는 거임. 뭐야 씨발, 이게 비법이야? 차라리 복권 당첨이 쉽겠는데?

복권과 다른 점이 있어. 복권은 아무리 아무리 해도 당첨 확률이 바뀌지 않아. 죽었다 깨어나도 45개 숫자 중에 6개를 맞춰야 해. 우리나라 최고 부자인 이재용이 로또를 해도, 노숙자가 로또를 해도 6개를 골라야 해. 그래서 나는 로또를 안 해. 불공평해. 이재용은 노숙자와 비교도 할 수 없이 돈이 많은데, 어떻게 같은 확률로 게임을 해. 노숙자 입장에서 엄청난 손해지. 노숙자한테는 확률을 높여줘야 공평하지 않아? 좆 까는 소리지. 뭐가 공평해. 게임인데. 다 같아야지. 그래서 나는 로또를 안 한다고. 로또는 절대 공평할 수가 없어.

내가 이재용하고 주구장창 로또를 한다고 생각해 봐. 돈이 엄청 많은 이재용은 1등 당첨될 때까지 거의 무제한으로 로또를 사. 그런데 나는 가진 게 없지. 내가 1등이 되기 전에 이재용이 분명히 1등이 먼저 될 거야. 이재용이 누구게? 나를 제외한 나머지 로또 구입자들이 사실은 이재용이야. 로또를 구매한 한 사람 한 사람이 각각의 사람들과 1 대 1로 경쟁하는 게 아니고, 나를 제외한 나머지 전체와 경쟁하는 거라고. 이걸 알면 로또를 안 하게 돼. 집단의 힘을 내가 어떻게 이겨. 로또 당첨자는 늘 나와. 누군가는 그 엄청나게 낮은 확률에서 당첨이 돼. 다만 내가 안 될 뿐이야. 나를 제외한 나머지 중에서는 당첨자가 반드시 나와. 그러니까 로또는 하면 안 된다고. 내가 그 확률을 조절할 수 없으니까.

밈코인은 달라. 할 때마다 새로운 게임이야. 내가 만든 밈코인 중 어떤 게 대박이 날지 모르니까, 내 마음대로 만들어. 이기처럼 유명한 암호화폐 개발자를 조롱해도 되고, 야하게 만들어도 되고, 정치인을 추앙해도 되고, 혹은 정치인을 졸라 까도 되고, 뭐든 해도 된다고. 할 수 있는 한 마음껏 조롱하고 비판하고 웃으면서 즐겨. 그러다가 '운'이 좋으면 소박, 중박, 대박 중 하나가 걸리는 거지. 밈코인의 성공은 훌륭한 마케팅 전략이나 기획이 아니라니깐. 그냥 어쩌다가 생존하는 거야. 긴 꼬리에 올라타면 좋지만, 그렇게 되지 않는다고 서운하지도 않아. 내가 잃는 건 뭐지? 약간의 수수료와 시간. 대신 마음껏 지랄발광하며 놀았지. 스트레스 팍팍 풀면서. 인스타에 사진 찍어 올리는 정도의 시간밖에 안들어. 밈코인 하나 만들어 올리는 데는 몇 천 원이면 돼.

왜 허황된 꿈을 꾸냐고? 뭐가 허황돼? 그럼 씨발 가만히 있으면 서울에서 집 한 채라도 살 수 있나? 평생 좆 빠지게 일해도 월급으로는 내 집 장만이 안 되는데? 그래도 노력하며 건실하게 열심히 살아야지! 님이나 그렇게 사세요. 이미 가진 것들, 힘 있는 것들의 세상인데, 무슨 건실함이야, 너나 하세요.

거듭 말하지만, 밈코인은 놀이야. 최대한 비웃고 노는 거. 이걸 건실, 노력, 열심 같은 말로 비판하면 안 돼. 사는 게 뭐야? 왜 졸라 아등바등해야 하는데? 놀아. 놀다가 놀다가 놀다가 보면 나는 어느새 뚱뚱한 긴 꼬리에 올라탈 수도 있어. 물론 아닐 수도 있지. 그래도 놀았잖아. 억울한 거 없어. 가진 것들 욕하고, 비웃고, 속이 후련하잖아. 다른 사람들이 내 밈을 보고 좋아하면 그것도 재밌고 말야. 아니면 어쩔 수 없고. 의도하지 않는 게 가장 큰 의도야. 밈코인은 의도하면 안 돼.

성공한 밈코인에 공통점은 없다

세상에는 잘난 놈들이 많지. 나보다 공부도 잘하고, 잘 생기고, 돈도 많고. 난 그게 억울하지는 않아. 어쩌겠어. 조건이 그런걸. 생물이 생존하는 것도 마찬가지야. 토끼가 풀을 맛있게 먹다가 늑대한테 잡아먹히면 그걸로 끝이지. 인간 세상이 동물의 왕국은 아니지 않나, 인간답게 문명인답게 살 수는 없나? 나도 그런 세상이 왔으면 좋겠어. 근데 세상이 그런가? 누구 탓할 거 없어. 나도 급하면 운전하다가 끼어들기 하고, 성질 나면 갑질도 해. 내가 돈 없을 때 편의점에서 알바하면서 별 미친 새끼들 많이 봤어. 그런데 입장 바꿔서 나도 가끔 그런 짓을 해. 인간이 짐승이야. 우리 현생 인류가 영원히 지구를 지배할 거 같아? 몰라. 난 그 전에 죽을 거니까. 근데 이건 확신해. 인류가 잘나서 여기에 온 건 아냐. 진화생물학 책을 보면 말야, 현생 인류가 네안데르탈인을 멸종시키고 지구의 주인이 된 얘기가 나와. 인류가 잘나서 그렇게 된 게 아니고, 우연한 계기로 네안데르탈인이 멸종한 거라는 주장이 있어. 나 잘났다고 갑질하면 안 돼. 나도 반성해. 돈 있고, 힘 있다고 지랄하면 안 돼. 그런 새끼들을 놀리고, 응징하고, 복수하는 게 밈이야.

성공한 밈과 성공한 밈코인은 공통점이 없어. 그냥 운이 좋은 거야. 따라서 독자님들은 네안데르탈인이 아니라 현생 인류처럼 행동해야 해. 다양한 시도를 해야 한다고. 밈코인을 반복해서 이것도 해보고, 저것도 해보는 거야. 이게 가능한 이유는 밈코인 제작에 시간과 돈이 많이 들지 않기 때문이야. 틈나는 대로 논다는 기분으로 반복해서 하는 게 중요해. 그럼 저절로 뭔가가 쌓여. 아주 약간씩. 이 작은 차이가 쌓이면 확률이 올라가.

『눈먼 시계공』 얘기를 다시 할게. 사람들은 눈처럼 정교한 신체 기관이 진화를 거쳐 만들어졌다는 걸 직관적으로 받아들이지 못해. 공이 날아와. 눈으로 공을 보지 못하면 그냥 맞을 수밖에 없어. 사람한테 눈이 없다고 생각해 봐. 주변의 공격으로부터 어떻게 나를 방어할 거야? 인간이 받아들이는 정보의 4분의 3이 시각 정보라는 얘기도 있더라고. 이렇게 중요한 눈이 저절로 만들어졌다는 게 진화생물학자들의 주장이야. 진화론을 믿지 않는 사람들은 누군가 분명히 눈을 설계하고, 그렇게 작동하도록 만든 분이 있다고 생각해. 서양에서는 그분이 바로 신이야. 눈이 너무 정교해서 우연히 만들어졌다고 도저히 인정을 못 하는 거지. 근데, 아니야. 눈은 엉터리야.

눈에는 맹점이라는 게 있어. 시각 정보를 모아서 뇌로 전달하는 세포 다발이 있거든. 시신경은 망막 곳곳에 연결돼서 망막의 구멍 한 곳에 모인 다음 뇌로 연결돼. 골 때리는 건 시신경 다발이 망막 표면에 있다는 거야. 그래서 시신경 다발이 망막을 지나서 가려면 망막 한 곳을 뚫고 안쪽으로 들어가야 해. 바로 그 지점이 맹점이야. 만약 누군가가 눈을 설계했다면, 이건 명백한 설계 실수야. 맹점 때문에 망막 일부가 작동을 못한다고. 거기에 빛이 와도 인식을 못해. 시신경 다발이 뭉쳐 있어서. 눈은 설계가 잘못됐어. 진짜 제대로 설계를 했다면 시신경을 처음부터 망막 뒤쪽으로 연결했겠지.

눈은 우리가 생각한 것처럼 정교하고 정밀하고 치밀하지 않아. 약점이 있다고. 눈이 이렇게 된 이유는? 몰라. 모른다니까. 왜 그렇게 됐는지 몰라. 다만 그렇게 약점이 있는데도 눈이 잘 작동했고,

그래서 인간이 잡아먹히지 않고 생존해서 지금 현생 인류가 된 거야. 인간이 잘나서, 인간의 눈을 누군가가 잘 설계해서 그런 게 아니고 그냥 어쩌다 보니까 그렇게 된 거라고.

밈과 밈코인도 마찬가지야. '어쩌다 보니…' 전략을 써야 해. 인류가 지구를 지배하는 과정에서 용감한 조상님들 덕을 본 게 있어. 사람은 다른 맹수에 비해 신체적으로 약하잖아. 사자나 호랑이와 싸워서 어떻게 이겨. 못 이겨. 늘 먹을 게 없어서 힘들었겠지. 더 풍부한 먹이를 찾아서 이동하는 사람 무리가 있었어. 원래 지금 사는 곳, 내가 잘 아는 곳, 무엇을 먹어도 되고 무엇을 먹으면 안 되는지 아는 게 중요했어. 그런데 이걸 거부한 무리가 있었다고. 저 산 너머에는 뭐가 있을까, 강 너머에는 뭐가 있을까, 하면서 익숙한 곳을 벗어나서 모험을 한 무리가 있어. 지금 표현으로는 반항이지.

반항은 대부분 죽음이야. 산 너머에 갔더니 호랑이가 있었거든. 근데 간혹 '운 좋게' 성공한 이들이 있어. 우리는 성공한 선조님들의 후손이야. 선조님들이 생존했으니까 우리가 있는 거잖아. 우리는 성공 유전자를 가지고 있다고. 그리고 그 성공 유전자 일부에는 반항이 존재하지. 익숙한 것에서 벗어나 새로움을 추구하도록 프로그래밍돼 있다고. 아, 나는 너무 내성적이야, 그냥 공무원이나 하면서 월급 따박따박 받고, 내 집 장만은 꿈도 꾸지 않고, 결혼도 안 하고, 나 좋은 거 쬐끔씩 하고, 소확행하면서 살다 갈래. 이렇게 살아도 돼. 그런데 그런 삶을 산 님의 유전자는 후대에 전해지지 않을 확률이 높아. 님은 결혼을 하지 않는다고 했으니까, 결혼하지 않고도 내 자식이 생길 수는 있는데, 님의 태도로 볼 때 아이가 생기면 매우매우 곤란해할 거 같아. 따라서 아이를 갖지 못할 듯해. 아이가 없다는 얘기는 내 유전자가 후대에 전해지지 않는다는 뜻이야. 따라서 님과 같은 삶을 선택하게 한 DNA 인자는 후대에 전해지지 않을 거야. 악담하냐고? 독자님, 악담 아니고요. 나도 비혼주의자고요. 원리적으로 그렇다는 거에요. 내 의사 결정에 영향을 미치는 생물학적인 DNA를 아이를 낳지 않고서 후세에 전달할 방법이 없어요. 아, 있기는 있다. 정자나 난자를 기증하는 거. 이런 예외적인 방법을 쓰지 않는 한, 위험을 회피하는 생활 태도는 후세로 전달되지 않아. 다시 말하지만 우리는 위험을 무릅쓰며 산을 넘고, 강을 넘은 선조들이 성공했기 때문에 살아 있는 거야. 내가 어떤 삶을 택할 것인가는 내 결정이고, 내 판단이지만, 내 몸에는 성공 유전자가 숨어 있다는 것만은 잊지 말자고.

직접 해봐야만 경험이 축적된다

밈과 밈코인으로 돌아가면, 내 방법론은 다양한 시도를 하라는 거야. 그 시도 속에서 아주 약간의 진전이 생기면, 그걸 다음 시도에 반영하는 거야. 예를 들어 밈 이미지를 노랑색을 썼을 때와 빨강색을 썼을 때 아주 미묘하지만 사람들 반응이 다르다는 걸 느꼈어. 그럼 그때부터는 더 반응이 좋은 색을 쓰는 거지. 이 차이는 직접 만들어 본 사람만이 알 수 있어. 직접 해보지 않으면 그 경험이 축적되지 않아. 이 작은 차이가 결론을 다르게 만들어.

똑같은 주제의 밈코인인데, 모자를 쓴 도그위프햇은 성공했고, 양말을 신은 도그위프삭스는 실패했어. 왜 그렇지? '왜'가 아니라 모자는 되고, 양말은 안 됐다는 사실이 중요해. 다음에는 장갑을 끼워보고, 목걸이를 채워보고, 썬글라스를 씌워보고, 강아지 입에 담배를 물려보는 거야! 왜를 생각하는 건 그 다음이라고. 반복 실행을 통해서 경험을 쌓는 것이 빨라. '왜'는 그 다음이야. 담배는 취소. 그건 동물학대지. 내 말은 즉흥성을 최대한 살리라는 의미야. 독자님의 몸에는 뭐가 있다? 성공 DNA. 선조들이 남겨준 성공 DNA가 있어. 그 DNA는 기존의 틀을 깨는 힘이 있어. 독자님들이 이 책을 읽으면서 진짜 이 저자 새끼 욕도 많이 하고, 냉소적이고, 잘난 체 엄청 한다고 거부감을 느끼실 수 있는데, 내 바람은 님들에게 내재된 그 DNA를 한번 꺼내 보시는 거임. 바르게 살고, 열심히 살고, 다 좋아. 그런데 한 번쯤 못마땅한 것들에 대해 입에 담을 수 없는 강렬한 욕을 한번 해보시라고. 우리 선조님들의 성공 DNA가 그 언어 속에서 튀어나올 테니까.

　아주 작은 차이의 누적이 완전히 다른 결과를 낸다는 실사례를 얘기할게. 2라는 숫자를 10번 반복해서 곱하면 20이 아니고, 1024가 돼. 2 곱하기 10 해서 20이 아니라, 2 곱하기 2 곱하기 2 곱하기…2 곱하기를 열 차례 하면 1024가 된다고. 2를 1000번 곱하면? 독자님들이 한번 해봐 봐. 휴대폰 계산기로. 우리는 2라는 작은 차이를 1000번 쌓은 선조님들의 후손이야.

2

핵심은 커뮤니티

우리는 성공한 자손들인데, 그럼 밈코인을 성공시키는 방법은? '보시기에 좋았더라'가 아니라 '남들이 보기에 좋았더라' 전술을 써야 해. 내가 만나 본 서양애들은 자기 밖의 절대적 존재를 의식해. 교회 다니는 애들은 그게 신이야. 교회에 다니지 않더라도 그분이 보시기에 좋았더라, 를 기본 윤리 틀로 가지고 있다고. 동양은 달라. 민심은 천심이라고 하잖아. 하늘의 뜻을 받든다고 하지. 그런데 가만히 봐봐. 하늘의 뜻이라고 하면서 지들이 멋대로 했어. 다시 말해 하늘은 들러리야. 내가 아는 한 동양의 정치 지도자들은 자기 밖의 신을 의식하지 않아. 오로지 자기들이 지배해야 하는 사람들을 의식하지. 밈코인은 자기 밖의 절대적 가치를 의식하는 게 아니라, 사람들을 의식하는 행위야. 내가 보기에 좋은 건 필요 없어. 그들이 보기에 좋아야 해. 아니, 신나게 즐기고 놀라고 할 때는 언제고 다른 사람들 눈치를 보라고 해? 놀아, 놀라고. 다른 사람들과 놀라고. 밈코인의 요체는 커뮤니티라고 했잖아. 밈코인을 만들어 판다는 건 커뮤니티를 만드는 거라고. 자, 나를 따르라, 내 뜻을 따르라, 이런다고 따라오나? 그건 예수님이나, 부처님이나, 공자님이나 하시는 거고. 그런 경지에 오른 분들은 밈코인 장사를 하실 필요가 없지. 종교 장사를 하시면 되지.

그래서 목사님과 스님들은 웬만해서는 굶어 죽지 않아. 종교 사업이 최고라니깐. 불황이 없어. 하지만 누구나 종교인이 될 수는 없으니까 밈코인을 팔아먹자는 거야. 신성 모독이라며 호들갑 떨 필요 없어. 솔직히 종교인들은 예수님, 부처님, 공자님 같은 '그분들 말씀'을 팔아 먹고사는 거잖아. 그분들이 하신 말씀 중에 신도들이 듣고 싶은 말을 추려서 전달하는 게 일이잖아. 순수하게 자기 말을 하는 종교인이 있나? 내가 예수라고 하는 인간은 이단이라며? 성경을 새롭게 해석해도 이단이라며? 주어진 틀에서 신도들의 귀를 살랑거리게 하는 말을 잘하는 사람들이 대형 교회 담임 목사님도 되고, 동양 최대 부처님상을 만들어 금박으로 입히고 한다고.

밈코인도 원리는 똑같아. 밈코인은 신도를 구워삶아야 해. 커뮤니티 멤버들을 구워삶아야 한다고. 신도들이 듣고 싶고, 신도들이 재미있어 하고, 신도들이 다른 신도들을 끌어오고 싶게 만들어야 해.

나는 "그 목사님 설교를 들으면 영혼이 맑아진다"고 하는 사람을 보면 이상해. "그 스님 말씀을 들으면 마음이 평온해진다"고 하는 사람을 보면 이상해. 몇 마디 말로 영혼이 맑아지고, 마음에 평화가 온다면 귀에 에어팟을 끼고, 주구장창 그분들 말씀을 듣지, 왜. 그럼 24시간 영혼이 맑고 평화가 오겠네. 말에 그런 힘이 있겠어? 있어. 그게 밈이거든. 목사님의 설교, 스님의 법문, 다 밈이야. 따라서 밈코인을 잘 팔아먹으려면 그들을 유혹해야 해. 무엇으로? 말씀으로. 밈으로.

감히 우릴 공격해?

밈 또는 밈코인을 만든 사람과 이를 추종하는 사람 사이에는 묘한 관계가 만들어져. 경제적으로 밈코인 투자자들은 자기 돈을 태웠기 때문에 밈코인이 무조건 성공하기를 바란다고. 밈코인에 좋지 않은 뉴스, 밈코인에 대한 다른 사람들의 비방, 밈코인을 공격하는 외부의 침탈, 이런 것들을 결사적으로 막아요. 이게 커뮤니티의 힘이지.

그런데 밈코인을 만든 장본인이 문제를 일으키면 어떻게 하지? 위메이드라는 게임 개발 회사가 있어. 이 회사에서는 위믹스 (WEMIX)라는 코인을 만들었어. 위믹스는 밈코인은 아니야. 한때 엄청나게 인기가 있었어. 플레이 투 언(Play to Earn)이라고 해서 게임을 하면 코인을 획득하고, 그 코인이 돈이 된다는 개념의 코인이야.

위메이드의 전 대표이사가 장현국이라는 분인데, 이분이 서울대를 나오셨어요. 아무튼 서울대 나온 분들이 문제일 때가 많아. 장현국은 위믹스의 아버지라는 소리를 들을 정도로 암호화폐 투자자들과 위믹스 투자자들과 위믹스 커뮤니티에서 인기가 높았어.

위믹스가 우리나라 암호화폐 거래소에 상장되는 과정에서 약간 무리수를 둔 게 있거든. 근데 이걸 장현국이 특유의 돌파력으로 잘 처리해서 위믹스가 한때는 우리나라 최고의 암호화폐로 불렸지. 허, 그런데 일이 꼬여. 위믹스가 코인 투자자들 몰래 암호화폐를 더 발행했네. 이게 들통이 나서 암호화폐 거래소에서 쫓겨나요.

장현국은 당연히 자기네가 잘못한 것 없다, 대형 암호화폐 거래소가 갑질을 하는 거다, 나는 오로지 여러분들과 코인 투자자들과 암호화폐 시장의 발전을 위해 노력했을 뿐이다, 이러면서 눈물의 기자 회견까지 열어요.

위믹스만큼 투명하게 코인 발행량을 공개하는 데가 어디 있느냐. 위믹스는 코인을 얼마나 팔아서 어디에 썼는지 다 밝혀왔다. 이건 역차별이다.

암호화폐가 거래소에서 쫓겨난다는 건 환금성이 없어진다는

저는 오로지 여러분과 코인 투
자자와 암호화폐 시장의 발전
을 위해 노력했을 뿐입니다.

거야. 코인을 현금으로 바꿀 수가 없어. 코인 자체가 돈인데, 왜 신사임당으로 바꾸려고 하지? 위믹스가 잘 나갈 때는 이걸로 뭐든 할 수 있을 것 같았지. 근데 위믹스가 더 이상 암호화폐 거래소에서 거래가 안 되면, 가격을 어떻게 올릴 것이며, 사고팔고를 어떻게 할 거야? 코인 가격이 급락하게 돼 있다고. 위믹스 투자자들은 멘붕이 오겠지. 장현국한테 도대체 사업을 어떻게 한 거냐, 왜 말도 없이 위믹스 코인을 발행했냐, 책임져라, 나쁜 놈, 개새끼, 소새끼 별별 소리를 다 했겠지.

장현국을 욕하는 사람도 많았지만, 두둔하는 목소리도 이에 못지 않게 컸어. "맞다. 거래소가 갑질 하는 거다. 위믹스만큼 투명하게 코인 발행량을 공개하고, 코인을 얼마나 팔아서 어디에 썼는지 다 밝히는 곳이 어디 있냐, 왜 역차별하냐" 이러면서 장현국을 옹호하는 투자자들도 많았어. 특히 위메이드는 회사 자체가 상장사거든. 코인도 발행했지만, 주식시장에서 위메이드 주식이 거래가 됐어요. 주식 시세에 영향을 주는 사건에 대해서는 일일이 공시를 해야 하는데, 위메이드가 코인 관련 공시를 하기는 했단 말이야. 그러니까 위믹스 투자자들은 투명하다고 항변을 할 수 있었지.

물론 그 공시가 얼마나 정확했느냐, 그건 나중에 따져 봐야 한다는 얘기가 나오기는 했어. 아무튼 장현국은 눈물의 기자 회견 이

후 거래소를 상대로 소송을 냈어. 법원은 코인 상장 폐지는 거래소 권한이라며 거래소 손을 들어줘. 위믹스는 이대로 망하는가 싶었지. 그런데 반전이 일어나. 좀 시간이 지나서 국내의 다른 소형 암호화폐 거래소에서 위믹스를 슬그머니 다시 상장한 거야.

장현국은 기회를 잡았지. 그리고 더 시간이 흘러서 대형 거래소들도 문제가 해결됐다며 위믹스를 속속 재상장해요. 위믹스 투자자들은 장현국을 거의 신처럼 떠받들었지. 장현국을 비난했던 투자자들, 비판적 기사를 썼던 기자들을 막 욕했다고.

이게 무슨 뜻이냐면, 일단 커뮤니티 안에 들어와서 위믹스 밈에 사로잡히면, 그 밈을 추종하고 합리적인 판단을 하지 못하게 돼. 장현국의 말이 백번 옳고, 거래소는 갑질을 한 것으로 믿어버려요. 법원에서 판결이 났는데도 위믹스는 피해자고, 거래소는 가해자야. 일종의 인질 효과지. 경제적인 이유로 위믹스에 올라탔는데, 어쩌다 보니 위믹스의 인질이 돼 있는 거야. 위믹스에 좋은 뉴스만 보이고, 나쁜 뉴스를 쓰는 기자는 개새끼가 되는 거지. 심리적으로 나를 힘들게 하는 위믹스에서 빠져나오지 못하고, 자꾸 더 깊숙하게 발목이 잡힌다고. 코인 투자한 게 아까워서 팔지도 못하고. 내 돈으로 내가 산 위믹스가 어느 순간 나를 조종하고 있네.

거래소로 다시 돌아갔으니, 위믹스 스토리는 해피엔딩이 아니냐고? 장현국은 지금 검찰 조사를 받고, 불구속 기소 상태야. 위메이드 대표 자리에서도 물러났어. 위믹스를 팔지 않을 것처럼 얘기해 놓고, 투자자를 속여 코인을 팔았다는 게 검찰 주장이야. 법원에서 어떻게 판결이 나올지는 몰라. 장현국이 이번에도 살아 돌아올까?

세상 모든 사기꾼은 밈에 소질이 있다

상장사가 발행한 코인에서도 이런 일이 일어난다면, 근본도 없는 밈코인은 사기란 말인가? 사기성이 있지. 사기는 사악한 의도가 있다는 뜻이야. 그러니까 밈코인은 그러한 의도 자체가 없어야만 해. 하, 뭔 소리야 싶지? 내가 남의 돈을 날로 먹으려고 하면 그건 사기야. 지가 예수님도 아닌데 예수님이라고 하면서 신도들 강간하는 새끼는 사기꾼이지. 그런데 예수님의 참 말씀을 신도들이 감동스럽게 받아들이도록 설교하는 건 뭐야? 나쁜 목사 새끼와 감동을 주는 목사님의 차이는 뭐야? 어떤 의도가 있느냐의 차이지. 그런데 신도들의 행동을 이끌어 낸다는 측면에서 결과는 같아. 나쁜 목사 새끼도 처음에는 감언이설로 신도들을 유혹하고, 가스라이팅해서 따라오게 만든 거잖아. 영혼을 정화해 주는 목사님도 신도들을 그 말씀으로 인도해서 그 말씀대로 따라오게 만든 거잖아. 우리가 밈코인으로 하려는 건 뭐다? 무엇인가를 따라오게 만드는 것. 밈을 퍼뜨려서, 밈 자체를 행동으로 하도록 만드는 거라고.

세상의 모든 사기꾼은 밈에 소질이 있어. 이건 진짜야. 근데 밈을 한다고 다 사기꾼은 아냐. 밈은 사람의 마음을 읽어내는 거야. 지금 이들이 원하는 게 뭔지, 지금 이들이 듣고 싶은 말이 뭔지, 지금 이들이 보고 싶은 게 뭔지. 결국 사람에 대한 관심이라고. 훌륭한 설교를 해주시는 목사님은 신도 하나하나의 눈을 볼 거야. 어디에 아픔이 있는지를 보시는 거지. 나쁜 목사 새끼도 사람들의 눈을 봐. 신도들이 열망하는 것을 본다고. 그걸 던져 주는 거야. 개새끼지. 사람의 절박함을 자기 욕심을 위해 이용한다고.

모든 종교는 처음에는 이단이야. 기존의 틀에서 보면 그렇다는 얘기야. 시대가 만들어 낸 아픔을 종교가 먼저 읽고, 그걸 거부하게 만들거든. 그러니 기존 질서가 용인할 수가 없지. 그래서 예수님도 십자가에 못 박히신 거고.

욕망을 감각적으로 충족시켜서 사욕을 취하는 놈들도 종교의 탈을 쓴 사기꾼이야. 안타깝게도 이 둘은 작동 원리가 같아. 그래서 헷갈려. 코인 커뮤니티를 밖에서 보면 분명히 사기를 당하고 있는 게 뻔히 보이는데, 그 안에 있는 사람들은 그걸 몰라. 그 안에서 희망을 보고, 그 안에서 평화를 느껴. 코인 발행자를 사기꾼이라고 욕하면 그 사람을 되려 욕해. 왜 우리를 위해 노력하는 그분을 욕하냐고 변호해 준다고. 나중에 내가 당한 걸 알고는 자괴감에 빠지겠지.

몰입하면 평정심을 잃어. 내가 보고 싶은 것만 보게 되고, 내가 듣고 싶은 것만 듣게 돼. 그래서 분별력을 잃어. 분명히 말하는데 밈코인은 사기성이 있어. 밈코인을 잘 팔기 위해서는 사기꾼들처럼 사람들의 눈을 읽을 줄도 알아야 해. 그들과 눈을 맞추고, 그들이 보는 걸 같이 봐야 해. 좋다, 나쁘다의 문제가 아니라 이해의 문제야.

일이 정말 안 풀리는 사람이 있어. 뭘 해도 안 돼. 스스로 능력이 없는 거 같아. 사람을 잘 믿어서 손해를 봐. 내가 바보같이 느껴져. 그때 위로가 되는 말은 "네 잘못이 아니야"라고 해주는 거야. "너는 최선을 다했지만 운이 나빴을 뿐이야"라고 말해 주는 거야. 밈도 마찬가지야. 세상을 풍자하고, 조롱하고, 시크하게 냉소하는 거지만, 그 안에는 위로가 있다고. 왜 힘 있는 자들은 해도 되고, 우리는 하면 안 되는가. 그 울분을 밈으로 통쾌하게 날려버리는 거라고.

모든 성공한 밈은 기본적으로 사람에 대한 이해를 담았어. 그럴 수밖에 없잖아. 이 밈이 나를 통쾌하게 해주고, 나를 알아주고, 내 생각과 통하는 것처럼 느껴져야, 퍼뜨릴 거 아냐. 다른 사람들이 이걸 같이 공유했으면 좋겠다고 생각하고, 퍼 나르는 행동을 하겠지. 그래야 밈이 죽지 않고 퍼져나가고, 더 많은 공감을 만들어 내겠지.

공감의 재료는 무궁무진해. 도지코인은 독특한 강아지의 귀여움이었고, 봉크는 샘 뱅크먼 프리드에 대한 분노를 재미있게 표출하게 만든 거야. 이기는 연예인으로서의 영향력을 강력한 매력으로 발산한 거고. 가만히 생각해 봐. 사람들이 공감할 수 있는 매력이 뭔지, 그 매력을 이미지로 어떻게 표현하면 좋을지. 그게 밈코인의 출발점이야. '보시기에 좋았다'는 성경 구절은 신이 만든 우리에 대한 찬사야. 신이 보시기에도 우리는 감탄을 자아내게 만드는 존재잖아. 우리는 스스로 감탄할 수 있는 존재야. 사람들을 감탄하게 만들어 봐. 그게 밈이야.

밈코인 기획자가 해야 할 일

밈코인을 만들고, 커뮤니티를 구축할 때 몇 가지 테크닉이 있어. 커뮤니티를 위한 홈페이지를 만들고, SNS를 구축하고, 커뮤니티 멤버들을 위한 이벤트도 열고. 그런데 이 모든 '인위적인 계획'은 밈 커뮤니티가 스스로 해. 생각지도 않은 이벤트를 열자고 제안이 올라와. 다른 멤버들이 그걸 좋다고 해. 또 다른 멤버가 이벤트를 열 장소를 무료로 빌려주겠다고 해. 이벤트에서 나눠 줄 굿즈를 만들어 보고 싶다는 멤버들도 생겨. 누가 시키지 않아도 멤버들이 스스로 일을 찾

우린 귀여워. 귀여우면 뭐다? 다다. 그러니까
우릴 소유해. 우린 대체 불가능한 펭귄이야.

아서 한다고. 밈코인 제작자는 할 일이 없어. 거창한 계획을 세울 일이 없다고. 밈코인이 추구하는 걸 멤버들이 행동으로 옮길 수 있도록 자극을 주는 게 제작자의 임무야. 무계획이 계획이지. 커뮤니티의 요구 사항을 유심히 관찰할 필요는 있어. 그들의 눈을 보라고 했지. 커뮤니티 멤버 하나하나가 보고 싶은 게 있을 거야. 그걸 보여줘.

퍼지 펭귄(Pudgy Penguins)이라는 캐릭터가 있어. 얘네들은 밈코인은 아니지만, 귀여운 펭귄 이미지를 바탕으로 NFT 시리즈를 내놨어. 각각의 이미지 하나하나가 암호화폐처럼 거래가 돼.

퍼지 펭귄 커뮤니티가 힘든 시절을 겪은 적이 있어. 암호화폐 시장이 어려움에 처하면서 NFT 가격이 떨어졌거든. 커뮤니티를 단결시키는 힘은 NFT 값이겠지. 가격이 오르면 NFT를 보유한 사람 누구도 불평을 안 해. 가격이 떨어지면 불평이 나와. 퍼지 펭귄도 처음에 기획했던 사업 계획에 진척이 없자 커뮤니티가 크게 동요했어. NFT를 가진 커뮤니티 멤버들 중에는 뿔이 난 사람들도 나왔지. 결국 최초에 이 NFT를 기획한 사람 대신 새로운 운영진이 들어왔어. 그리고 퍼지 펭귄으로 게임도 만들고, 인형도 만들고, 영화도 만들겠다고 하면서 안정이 됐다고. 멤버들이 뭉쳐서 뭔가 새로운 것을 해보자는 기류가 저절로 생겼다고.

밈코인이나 NFT나 사람이 하는 일이잖아. 운영진이 앞장 서서 기획을 하더라도 일이 안 풀리면 욕을 먹어. 근데 진심으로 커뮤니티를 재밌게 해야겠다고 뭔가를 제시하면 따라온다고. 목사님의 설교가 완성되는 순간은 언제다? 그 말씀의 진심이 신도들에게 공명을 일으키고 그 말씀대로 행동할 때. 다시 말해 말씀을 듣는 것으로 끝나는 것이 아니라 다 같이 무엇인가를 행해야 하는 거지. 인터넷 초창기에 플래시 몹(Flash mob)이 유행했대. 특정한 시간, 특정한 장소, 특정한 뜻을 가진 사람들이 모여서 똑같은 행동을 하는 거야. 어려운 게 아냐. 좋아하는 가수의 춤을 따라 한다거나, 같은 옷을 입고, 인간 띠 잇기처럼 메시지를 전달하는 거. 이런 행동을 하게 만드는 거야. 요즘엔 무슨 무슨 챌린지가 유행을 하잖아. 얼음 물을 뒤집어쓰고, 그걸 영상으로 올리고, 자기 다음에 이걸 따라할 사람을 지정하면, 지정 받은 사람이 똑같이 따라 해. 좋은 뜻으로 모금 운동을 하면서 참여 영상을 릴레이로 올리는 거지. 틱톡도 비슷해. 같은 동작을 여러 사람이 반복하는 거야. 간단한 거지만 재미로 따라 하는 거야. 제한이 없어. 스마트폰만 있으면 그냥 따라 하는 걸로 끝이라고. 그렇지만 같은 행동을 했기 때문에 소속감이 생기고, 커뮤니티의 일원이 되는 거지. 재미가 있으면 비슷한 걸 또 하자고 누군가 제안을 할 거야. 그런 식으로 자발적으로 같은 행동을 하도록 밈이 퍼져나가지.

밈코인 기획자는 여기에 양념을 좀 치면 돼. 봉크는 샘 뱅크먼 프리드를 망치로 때리는 게임을 만들어서 SNS에 올렸어. 클릭을 하면 망치로 뽀글이를 때려. 그럼 자동으로 그 사람한테 약간의 봉크 코인이 떨어져. 에어드롭이지. 이게 유행을 하면서 봉크가 인기를 끌었어. 솔라나에서는 사가 스마트폰을 사면 봉크 코인을 덤으로 에어드롭 해줬어. 그냥 재미로 한 일이 여러 사람들에게 관심을 끌고, 봉크 코인 가격이 올라가면서 성공적인 마케팅이 된 거야.

3

사기와 마케팅의 차이

에어드롭은 아주 흔히 사용되는 밈코인 마케팅이야. 밈코인을 알리기 위해 유명 인사의 공개된 지갑에 코인을 그냥 보내기도 해. 이더리움이라는 블록체인을 만든 사람이 비탈릭 부테린이라고 했지. 이기하고 대판 싸운 사람 말야. 암호화폐 투자자들은 부테린의 지갑 주소를 알아. 암호화폐 지갑 주소는 공개돼도 문제가 안 되거든. 지갑의 비밀 번호는 자기 자신만 아니까. 사람들이 심심할 때 부테린의 지갑에 들어가 봐. 그냥 신기하니까. 부테린이 어떤 암호화폐를 가졌는지 궁금하기도 하니까. 그 지갑 주소로 새로 나온 밈코인을 보내. 그럼 부테린 지갑을 열어 본 사람들이 '어, 이 코인은 뭐지' 하면서 보게 된다고. 일종의 광고판이지. 부테린 지갑을 한번 봐봐. 별별 코인이 다 있어. 듣보잡 코인들이지. 이 중에 성공한 코인이 나오지 말라는 법이 없어.

비탈릭 부테린의 공개 지갑		
Showing 166 tokens with a value of $1,274,731		
Chain	**Token**	
ETH		Wrapped Ether (WETH)
ETH		Uniswap V2 (UNI-V2)
ETH		Ether (ETH)
ETH		Dogey-Inu (DINU)
BSC		GCWine (GCW)
ETH		Dobermann (DOBE)
ETH		ASTROELON (ELONONE)
ETH		The Protocol (THE)

　　밈코인 기획자 중에는 사기꾼도 있어. 인위적으로 가격을 끌어 올리는 펌핑(Pumping)을 하는 놈들. 기사화되기도 한 실제 사건인데, 한 밈코인 기획자가 SNS에서 자기 밈코인에 대해 열심히 라이브 방송을 하는 중이었어. 그런데 갑자기 그 코인 가격이 폭락한 거

야. 손 쓸 틈도 없이. 기획자가 멘붕이 왔겠지. 라이브 목소리가 떨리고, 코인 가격은 더 떨어지고. 나중에 알고 보니 그 기획자가 밈코인을 관리하는 전문 업체 같은 곳에 밈코인 물량을 준 모양이야. 처음에는 밈코인 관리를 해주다가 적당한 가격이 되면 와장창 팔고 도망가는 업자들한테 당한 거야. 자기가 스스로 밈코인 관리를 안 하고 이런 업자들한테 외주를 주면, 이런 식으로 당한다고. 밈코인 투자자들은 말할 것도 없고 기획자 자신도 망신이지.

왜 이런 일이 생기냐면, 밈코인 가격을 단기간에 일정 수준 이상으로 끌어올리고 싶은 욕심 때문이야. 그래야 커뮤니티를 더 쉽게 모을 수 있고, 그래야 밈코인 생명이 길어지고, 그래야 기획자도 큰돈을 챙길 수 있으니까. 업자들은 밈코인을 수십 수백 개의 계좌를 써서 서로 사고팔면서 가격을 끌어올려. 밖에서 보면 거래도 활발하고 밈코인이 아주 잘되는 것처럼 보여. 하지만 실체는 가격 조작 세력이 인위적으로 만든 가격인 거지. 라이브 방송 중에 코인이 폭락하는 건 나도 처음 봤어.

밈코인을 만들겠다고 마음먹었다면 이런 유혹에 넘어가면 안 돼. 나도 아주 잠깐 밈코인 업자들과 접촉해 본 적이 있어. 업자들이 가격을 정해. "언제 이 가격에 도달한다"고 얘기하고 진짜 그 가격을 만들어. 역할을 지정해 줘. 누구는 뭘 하고, 누구는 뭘 하고, 이렇게.

계획대로 가격이 만들어지는 걸 보면 업자들의 말을 믿게 돼. 내 돈을 써가면서 밈코인 작전에 빨려 들어간다고. 그 끝은 늘 배신이야. 몇 차례 계획된 가격에 도달하면 작전팀이 모두 좋아해. 그런데 어느 순간 알지도 못하는 곳에서 코인 물량이 나와. 매도 주문이 갑자기 나오고 기껏 올려놓은 코인 가격이 떨어져. 작전팀의 누군가가 먼저 움직인 거지. 다른 팀원들이 우왕좌왕하는 사이에 선수들은 챙길 것 챙겨서 떠난다고. 남은 사람들만 바보 되는 거지. 이런 식으로 뒤통수 맞으면 인간적 배신감에 치를 떨게 돼. 밈코인 작전은 달콤해. 정확하게 가격을 찍어서 올리거든. 마음이 움직이게 돼 있어. 그런데 오래 못 가. 이런 무리와 어울리면 암호화폐 업계에 다시는 얼굴 들고 못 나와.

커뮤니티가 흐르는 대로

밈코인 기획자들은 가명으로 활동하는 경우가 많아. 암호화폐 업계에서 가명은 새삼스러운 게 아냐. 비트코인을 만든 사토시 나카모토도 자기 이름이 아니거든. 누구인지도 모르고, 살았는지 죽었는지도 몰라. 사토시가 철저하게 자신을 숨긴 이유는 비트코인의 파괴력을 알기 때문인 것 같아. 성공해도 괴롭고, 실패해도 괴롭다는 걸 안 거지. 차라리 이름을 숨기고 사라지는 게 남은 인생을 위해 좋다고 생각한 거지. 생각해 봐. 전 세계 언론이 사토시를 취재할 텐데, 사생활을 지키는 게 불가능하지. 실패하면 실패했다고 욕 먹을 거고. 밈코인 기획자들도 마찬가지야.

또 하나. 밈코인 기획은 단번에 성공한다는 보장이 없어. 반복해서 기획을 하기 위해서는 이전에 썼던 이름이 방해가 되기 마련이야. 새 술은 새 부대에. 실패할 때마다 2퍼센트씩 개선한다고 생각하고, 단기적인 유혹을 견뎌야 해. '이번이 아니더라도 기회는 많아' 하면서, 느긋하게.

내가 돈이 좀 생겼으니까 사람들 따라 골프라는 걸 하는데, 욕심을 부리면 공이 더 안 맞아. 즐기면서 공 때리는 자를 이길 수가 없어. 그런 사람은 흔들림이 없거든. 내기 돈이 걸린 퍼팅을 할 때 심장이 두근거려. 짧은 거리지만 놓친다고. 바위처럼 무심한 마음으로 즐기면서 밈을 해야 늘어. 2퍼센트씩 전진하는 거야.

마지막으로 모든 계획은 지키지 않으려고 세우는 거야. 완벽한 계획과 기획은 밈코인 성공에 오히려 방해가 돼. 암호화폐 업계에는 로드 맵(Road Map)이라는 게 있어. 여러분들이 이 밈코인을 사주시면 내년 상반기까지는 뭘 하고요, 내년 하반기에는 뭘 하고요, 이렇게 해야 할 일들을 커뮤니티에 알려. 일종의 표지판이야. 커뮤니티

가 그 계획을 보면서 함께 힘을 모으고, 진척되는 정도를 같이 보자
는 뜻이지. 이게 발목을 잡아. 사람 일이 어떻게 계획대로 되나. 로드
맵에서 약속한 것들을 지키지 못하는 경우가 발생해. 커뮤니티 멤버
들이 뭐라고 뭐라고 싫은 소리를 한다고. 코인 가격이 떨어지기라도
하면 더 힘들어져. 왜 약속을 지키지 않냐고 몰아치는 멤버들이 나
와. 커뮤니티가 술렁거려. 밈코인 기획자 입장에서는 변명을 해야 하
고, 한두 번 응대를 하다가 '에이 모르겠다' 이렇게 방치하게 돼. 그럼
더 욕 먹어. 차라리 약속을 하지 않는 게 현명해. 약속은 지키는 걸 전
제로 사람들을 하나로 만드는 힘이 있어. 하지만 약속은 행동을 제약
해. 상황이 바뀌면 약속을 지키지 못할 수도 있어. 약속을 지키지 않
을 때 이득이 더 클 수도 있어. 그런데도 약속 때문에 그걸 못해. 오히
려 밈코인 전체가 어려워질 수 있어. 밈코인 기획은 유연함이 최고의
미덕이야. 어떤 것도 약속하지마. 즉흥적으로 대응해. 내가 모든 걸
다 해야 한다고 생각하지 마. 커뮤니티에 맡겨. 그들이 스스로 행동
하도록 놔둬. 물이 흐르듯이 이리 쏠리면 이리 가고, 저리 쏠리면 저
리 가. 기획자는 보이지 않아야 해. 밈을 퍼뜨리는 건 기획자가 아냐.
물이지. 커뮤니티 전체의 흐름과 의지야.

　　내가 좋아하는 말 중 하나는 '이 또한 지나가리라'야. 너무 힘
이 들 때, 문제가 끝없이 이어질 때가 있어. 그런데 힘들 때가 문제가

아냐. 너무 좋을 때 나는 이 말을 떠올려. 로또에 당첨된 사람들을 추적해 보면 상당히 높은 확률로 더 가난해진 사람들이 있다고 해. 왜 그럴까? 벼락을 맞는 것보다 어렵다는 로또에 맞았는데 왜 더 가난해지지? 나한테 큰돈이 들어왔을 때 어떻게 행동할지 대비하지 않았기 때문이야. 재정적인 풍요는 정신적인 빈곤을 만들어. 날카로운 판단이 무뎌져. 돈을 빌려달라는 사람한테 그냥 줘. 투자를 하자는 사람한테 앞뒤 안 가리고 그냥 줘. 유혹이 따라오기 마련인데 그걸 억제하지 않고 그냥 해버려. 돌이켜 보니 돈이 다 떨어졌어. 로또로 더 가난해진 사람들의 인생 스토리는 대부분 이런 식이야. 내가 처음 도지코인으로 만 배 이익을 냈을 때, 나는 이 또한 지나간다고 확신했어. 이런 기회는 두 번은 안 온다고 확신했어. 그런 생각에 미치니까 정신을 차리게 되더라고. 이건 지나가게 돼 있으니까, 또 하면 된다고 마음을 놓는 순간 나는 이전보다 더 못한 인생이 된다고 이를 악물었어.

테라-루나 사태

내가 테라-루나 사태를 만든 장본인 권도형을 좀 안다고 했지? 여기서 테라-루나 사태를 모르시는 독자님들을 위해 초간단 설명을 드리는 걸로.

아래 그림에서 뭐가 보이시는지? 와우, 역쉬 이 책을 읽으시는 독자님들은 뭔가 달라. 어린 왕자. 보아뱀. 코끼리를 삼킨 보아뱀. 난 권도형이 운동화 찍찍 끌고 암호화폐 투자자들 모임에서 얼쩡거리던 걸 본 사람이야. 이 차트가 문제의 루나 코인 가격 차트야. 2021년 1월까지만 해도 루나 코인은 그저그런 잡스러운 코인, 그러니까 잡코인 중 하나였어. 코로나 팬데믹이 터지고 사람들이 집 안에 갇혀 지내던 시절, 잡코인과 주식이 미친 듯이 올랐지.

루나는 테라라는 코인하고 짝인데, 두 코인이 기가 막히게 작동해. 권도형이 이 두 코인을 짝으로 만들었어. 한쪽이 가격이 떨어

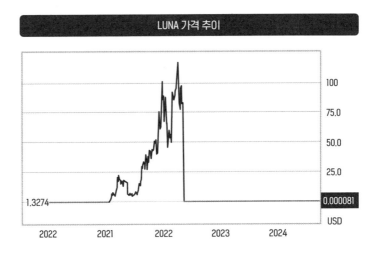

지면 다른 코인 발행량을 늘려서 담보로 제공하면서 가격을 맞춰. 한쪽 가격이 너무 올라가면, 반대로 담보를 줄여서 가격을 진정시켜. 일정하게 가격을 유지하는 코인이 테라야. 루나가 균형을 잡아주는 거지. 영어 테라(Terra)는 지구고, 루나(Luna)는 달이야. 달과 지구가 빙빙 돌면서 균형을 맞춘다는 거지.

테라처럼 값이 일정하게 유지되는 코인을 스테이블코인 (Stablecoin)이라고 해. 테라는 1달러를 유지하도록 설계된 거야. 테라는 커다란 돈 통이야. 1달러에서 너무 내려가면 루나가 돈 통에 뛰어 들어가서 1달러를 맞춰. 1달러에서 너무 올라가면 들어와 있던 루나가 돈 통에서 나가. 그럴 듯하지? 실제로 이런 원리가 먹혀 들어갔어. 그래서 테라의 발행량이 늘어나고, 테라가 여기저기 쓰임새가 생겼어. 테라를 맡기기만 해도 이자를 14퍼센트, 21퍼센트 준다는 곳도 생겨났어. 테라의 발행량이 늘어나고, 자연스럽게 루나의 가치도 올라가. 차트에서 보는 것처럼 루나는 가격이 급등해. 2021년 1월 루나는 1달러가 안 됐어. 그러다가 2021년 4월 116달러로 튀어.

내가 투자자 모임에서 권도형을 본 게 2019년 가을이야. 당시 그 모임에 있던 사람들 돈을 다 합치면 강남에 빌딩 한두 채 값이 나올 텐데, 권도형은 존재감이 없었어. 그러던 권도형이 한 2년 사이에 조 단위로 돈을 번 거야. 물론 자기가 열심히 한 것도 있어. 그렇지만 그보다도 2021년부터 코로나19 팬데믹 터지면서 암호화폐 시장에 기회가 왔고, 그 기회에 올라 탄 거지. 자기가 남들보다 월등히 뛰어나서 돈을 번 건 아니지. 권도형은 그걸 몰랐지. 이 또한 지나갈 건데, 영원할 것처럼 우쭐했지.

다시 차트를 볼까. 116달러 하던 루나가 갑자기 가격이 0으로 떨어져. 2021년 5월이야. 루나가 망하는 데 일주일이 걸렸어. 1달러를 유지해야 하는 테라가 1달러를 유지하지 못하는 상황이 됐어. 누군가 계속 대량의 테라를 파는 거야. 어디서 물량이 나오는지 알 수 없는 막대한 코인이 쏟아지니까, 1달러를 지키기가 힘들어. 권도형은 이런 사태를 대비해서 벌어둔 돈으로 비트코인을 잔뜩 사뒀다고 했는데, 알고 보니 그 비트코인은 어디론가 없어졌어. 권도형이 빼돌린 건지, 빼돌림을 당한 건지 현재는 몰라.

어쩔 수 없이 테라를 지키기 위해 루나를 무지막지 발행해. 돈 통에 루나를 계속 쳐박아. 시장에 소문이 나. 테라가 무너질 것 같다고 하니까 사람들이 테라를 마구마구 집어던져. 가격이 더 떨어져. 1달러는 커녕 0.1달러, 0.01달러, 0.001달러. 루나도 필사적으로 발행량을 늘려. 그러다가 뻥 터져. 루나도 망하고, 테라도 망했어. 암호화폐 수조 달러가 공중분해됐어.

전 재산을 테라로 바꿔서 21퍼센트 이자를 준다는 곳에 맡겼다가 자살하는 사람도 생겼어. 권도형은 도망자 신세가 돼. 한국, 싱가포르, 미국에서 수배령이 떨어져. 권도형은 서울과 싱가포르를 오가면 암호화폐 사업을 했거든. 그러다가 2023년 3월 몬테네그로에서 잡혀.

난 권도형이 한 번은 사고를 칠 것 같다고 느꼈어. 돈을 좀 만지더니 언론을 타더라고. 그것도 외국 언론을 타. 미국에서 공부했으니까, 영어로 술술. 졸라 건방지더만, 인터뷰 내용이. 왜 내가 미국 암호화폐 규제를 받아야 하냐며 자기는 한국 사람이고, 자기 회사는 싱가포르에 있다며. 테라-루나 터지고 도망다니다가 결국 미국에서 기소당했어. 몸은 몬테네그로에 갇혔지만, 미국이 그런 거 따지는 나라가 아니잖아. 피고도 없이 재판해서 벌금 때렸다고. 권도형 입장에서는 벌금 내고 일단 소송을 끝내고, 어떻게 해서든 한국으로 송환돼서 한국에서 재판을 받아야 한다고 생각했겠지. 한국 법이 미국 법보다는 무르니까. 미국에서는 금융범죄는 가석방도 잘 안 해주고 30년, 40년 징역형을 때리니까. 우리나라야 좀 조용히 있으면 감형도 되고, 형량 자체도 상대적으로 낮고. 권도형이 미국에 내기로 한 벌금이 44억 달러, 우리 돈 6조 원이 넘어. 권도형이 돈이 있을까? 몰라. 미국도 이 벌금을 다 받을 거라고 생각하지는 않는 모양인데, 아무튼 권도형이 숨겨둔 비트코인을 찾아내면 죄다 미국으로 넘어가겠지.

영광의 시간을 짧아. 영원하지 않아. 밈코인으로 대박도 나기 전에 왜 초 치는 소리를 하냐고? 대박 났을 때를 대비하지 않으면 대박이 쪽박 돼. 밈코인은 즐기는 거라서, 놀다가 대박이 나는 수가 있어. 그때 절제하지 않고 깝치면 로또 당첨된 후 더 가난해지는 것처럼 이상하게 풀리는 수가 있어. 암호화폐 시장에서 그런 선수들 여럿 봤어. 이렇게 돈이 쉽게 벌리나, 하면서 히히덕거리다가 골로 가. 우리 밈코인으로 성공하자. 그런데 골로 가지는 말자고. 권도형은 코끼리를 삼킨 보아뱀이야. 먹다 체한 거지.

4

밈코인 이미지 제작법

망한 사람은 망한 사람이고, 우리는 흥해야지. 밈코인이 대성공을 거둘 때를 대비한 마음의 준비까지 마쳤으니까, 이제부터는 진짜 밈코인을 만들어 보자고. 여기서 한 가지 팁. 밈코인을 만들 때 사람들의 흥미를 자극할 수 있는 이미지를 만들어야 하잖아. 도지코인의 강아지, 페페의 개구리, 퍼지펭귄의 귀여운 펭귄 같은 캐릭터 말야. 이걸 어떻게 만들지? 인공지능을 써. 밈코인 제작 플랫폼에서 진짜 밈코인을 만드는 방법을 설명하기에 앞서 챗GPT로 이미지를 만드는 법을 알려줄게.

간단해. 챗GPT를 인터넷에서 찾아. 'chatgpt.com'을 치고 들어가. 그럼 이런 화면이 뜰 거야. 회원 가입하고 로그인 하는 건 알아서 하시고.

맨 아래 명령어를 입력하는 공간이 있지. '메시지 ChatGPT'라고 적힌 데. 여기에 그리고 싶은 이미지를 한글로 설명해. 내가 예를 하나 들어볼게.

'밈코인 이미지를 만들 거야. 최근 3년간 유행한 각종 밈코인을 찾아서 그 밈코인 이미지를 적절하게 섞어서 네가 볼 때 인기를 끌 수 있는 밈코인 캐릭터 3가지를 추천한 후, 각각의 대표 이미지를 그려줘.'

짜잔. 결과를 볼까.

사이트 6개 검색함

최근 3년간 유행한 밈코인 중에서 가장 인기 있는 코인들은 다음과 같습니다:

Pepe (PEPE):

- 특징: Pepe the Frog 밈에서 영감을 받아 2023년에 출시된 PEPE 코인은 빠른 시간 내에 큰 인기를 얻었습니다. 이 코인은 높은 수익률을 제공하며, 빠르게 시장에서 주목받았습니다.
- 시장 가치: 빠르게 상승하여 높은 시가총액을 기록했습니다 (The Tech Report) (BeInCrypto).

Floki (FLOKI):

- 특징: 일론 머스크의 애완견에서 영감을 받은 FLOKI는 단순한 밈코인을 넘어 다양한 NFT 및 DeFi 프로젝트를 포함하고 있습니다. FlokiFi, FlokiPlaces, Valhalla 등 다양한 유틸리티를 제공하며 커뮤니티의 큰 지지를 받고 있습니다.
- 시장 가치: Floki는 다중체인 토큰으로 ERC-20 및 BEP-20 표준을 준수하며, 실질적인 사용 사례를 통해 인기를 끌고 있습니다 (Cryptology Blog) (Crypto.com).

Tamadoge (TAMA):

- 특징: Tamadoge는 플레이 투 언(P2E) 기능과 NFT를 결합하여 독특한 사용자 경험을 제공합니다. 사용자는 디지털 애완동물을 키우고 경쟁하며 TAMA 토큰을 획득할

수 있습니다.

- 시장 가치: TAMA 코인은 초기 판매가 대비 1900% 상승하며 큰 인기를 끌고 있습니다 (Cryptology Blog) (BeInCrypto).

이제 이 밈코인들의 특징을 반영한 캐릭터 디자인을 제안하고 각각의 대표 이미지를 그려드리겠습니다.

캐릭터 제안:

Pepe Unchained:

- 설명: Pepe the Frog를 기반으로 한 캐릭터로, 화려한 갑옷을 입고 있는 모습을 상상해 보세요. 이 캐릭터는 빠른 속도와 강력한 힘을 상징합니다.
- 이미지 특징: 초록색 개구리, 중세 갑옷, 날카로운 표정.

Floki the Adventurer:

- 설명: Floki Inu를 모티브로 한 캐릭터로, 다양한 모험을 즐기는 용맹한 강아지입니다. 다양한 장비와 도구를 가진 모습을 상상해 보세요.
- 이미지 특징: 귀여운 강아지, 탐험가 모자, 다양한 장비 (배낭, 지팡이 등).

Tama the Gamer:

- 설명: Tamadoge를 모티브로 한 캐릭터로, 게임을 즐기는 디지털 애완동물입니다. 활발하고 에너지 넘치는 모습으로 표현해 보세요.
- 이미지 특징: 귀여운 디지털 애완동물, 게임 컨트롤러, 활기찬 표정.

이제 각각의 캐릭터 이미지를 생성해 보겠습니다.
여기에서 제안한 세 가지 밈코인 캐릭터와 그 이미지입니다:

Pepe Unchained:

- 설명: 중세 갑옷을 입고 있는 초록색 개구리 Pepe 캐릭터입니다. 갑옷에는 복잡한 패턴이 새겨져 있고, Pepe의 얼굴이 새겨진 방패를 들고 있습니다. 이 캐릭터는 빠른 속도와 강력한 힘을 상징합니다.
- 이미지: 아래 이미지를 참고하세요.

Floki the Adventurer:

- 설명: 탐험가 모자와 배낭, 지팡이를 든 귀여운 강아지 Floki입니다. 이 캐릭터는 호기심 많고 용감한 표정을 지으며, 모험을 떠날 준비가 되어 있습니다.
- 이미지: 아래 이미지를 참고하세요.

Tama the Gamer:

- 설명: 활기차고 에너지 넘치는 디지털 애완동물 Tama
  입니다. 이 캐릭터는 게임 컨트롤러를 들고 있으며, 즐
  거운 표정으로 게임 환경에서 활약하고 있습니다.
- 이미지: 아래 이미지를 참고하세요.

이 캐릭터들은 최근 3년간 유행한 밈코인들의 특징을 반
영하여 만들어졌습니다. 각각의 개성 있는 디자인을 통해
인기를 끌 수 있을 것으로 기대됩니다.

맘에 들어? 독자님 맘에 드는 게 아니라, 사람들 맘에 드는지를 살펴야지. 맘에 안 들어? 그럼 맘에 드는 게 나올 때까지 명령어를 계속 수정해. 그냥 한글로 쓰면 돼. 색깔을 더 밝게 해달라든지, 캐릭터를 고양이로 해달라든지, 아니면 챗GPT한테 다른 걸 추천해 달라고 해도 돼. 챗GPT가 이것저것 시도한 것 중에 뭐든 고르면 돼. 우연성에 의존하는 전략을 쓴다면 님 생각이 아니라 챗GPT의 생각을 따라가는 것도 한 방법이야.

자, 이제 이미지까지 만들었으니, 지금부터는 대박 나는 밈코인을 직접 찍어 보자고.

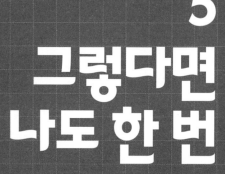

5
그렇다면
나도 한 번

1

암호화폐 지갑은 필수

블록체인 중에 솔라나가 있다고 했어. 봉크를 설명할 때 얘기했었지. 솔라나 블록체인을 이용해서 밈코인을 아주 간단히 만드는 사이트가 있어. 펌프펀(pump.fun)이라는 사이트야.

우리는 이걸 이용할 거야. 솔라나가 어떤 블록체인인지 몰라도 돼. 컴퓨터 코딩 한 개도 필요 없어. 영어 몰라도 돼. 챗GPT한테 번역해 달라고 하면 돼. 이 사이트가 시키는 순서대로 따라 하면 밈코인을 뚝딱 만들 수 있어. 장담하는데 10분이면 돼.

펌프펀에 들어가면 눈이 휙휙 돌아갈 거야. 괴상망측하기 이를 데 없는 밈코인이 번쩍번쩍 자기를 봐달라고 지랄발광을 할 테니까. 우리 밈코인도 튀어야 해.

우측 상단에 '커넥트 월넷'(connect wallet)을 눌러. 그럼 팝업

창이 하나 뜰 거야.

자, 당황하지 말고. 지금 나오는 네 개의 지갑은 암호화폐 시장에서 흔히 사용되는 지갑 이름이야. 맨 위에 있는 솔플레어 (Solflare)가 솔라나에서 가장 흔한 지갑이야. 솔플레어를 어떻게 설치하는지는 인터넷에 찾아보면 다 나와. 이것까지 설명하면 님들이 너무 쉽잖아. 이렇게 쉽게 돈이 벌리면 안 되겠지. 그러니까 적어도 솔플레어를 어떻게 설치하는지는 각자 찾아서 하자. 무서워할 필요 없어. 스마트폰 앱을 하나 설치한다고 생각하면 돼. 솔플레어를 설치한 후 솔라나 코인(SOL)을 사서 넣으면 돼. 솔라나 코인은 어디서 살까? 그것도 님들이 찾아서 해보자. 왜냐하면 이렇게 돈이 쉽게 벌리면 안 되니까. 솔라나 코인은 우리나라 암호화폐 거래소에서 언제든지, 얼마든지 합법적으로 살 수 있어. 암호화폐 거래소에 가입하면 돼. 어떻게 하냐고? 내 답은 알고 있지? 이렇게 돈이 쉽게 벌리면 안 되니까, 그것도 님들이 찾아서 가입하자.

SOL 코인을 사서 솔플레어 지갑에 넣었고, 그 지갑을 펌프펀
하고 연결했다. 그럼 펌프펀에서 밈코인을 만들 때 들어가는 수수료
를 낼 수 있어. 밈코인 제작에 들어가는 수수료는 대략 0.02 SOL 정
도야. 솔라나 코인 1개가 25만 원 정도거든. 수수료는 대략 5000원
이네. 솔라나 1개 살 돈이 없다고? 모든 암호화폐는 1억 분의 1 단위
까지 쪼개서 살 수 있어. 2만 5000원 어치만 사자. 그럼 밈코인을
다섯 번 만들 수 있는 수수료를 확보한 거야.

2

내 코인 만들기, 참 쉽죠

펌프펀 사이트 한가운데 '스타트 어 뉴 코인'(start a new coin)

단추를 눌러. 글자 그대로 새로운 밈코인을 만드는 버튼이야.

첫 번째 칸에 코인 이름(name)을 뭐라고 쓸까? 'Gaegura' 어때? 뭐든 맘에 드는 코인 이름을 넣어. 앞에 다 얘기했어. 의도적으로 꽈야 해. 도그를 일부러 도지로 쓴 것처럼, 재치 있는 영어 이름을 찾아서 넣어. 영어를 모른다고? 걱정 마. 챗GPT가 추천해 줄 거야.

두 번째 칸인 티커(ticker)는 코인의 약자야. 솔라나 코인의 약자는 SOL이야. 비트코인의 약자는 BTC야. 이런 식으로 지금 만드는 코인의 약자를 넣는 거야. 코인 이름을 금방 떠올릴 수 있는 약자가 좋겠지. 도그위프햇 코인의 약자는 WIF야. 마찬가지로 재치 있고, 사람들이 기억하기 쉬운 걸로 선택해야 해.

세 번째 칸은 설명(description)이야. 글자 그대로 내 밈코인을 설명하면 돼. 사람들을 확 휘어잡을 수 있는 설명이 필요하겠지. 영어로 써야 할 테고. 걱정 하나도 안 되지? 우리에게는 챗GPT가 있어. 아까 챗GPT로 이미지 만들 때 프롬프트 어떻게 써야 하는지까지 친절하게 보여줬지. 그걸 영어로 바꿔줘, 이러면 돼. 챗GPT는 영어 문장의 뉘앙스까지 조절해 줘. 요즘 미국 사람들이 이해하기 쉽게 엑스에서 자주 쓰는 문체로 번역해 줘, 이러면 그에 맞게 영어로 바꾼다고. 해봐. 진짜 그렇게 바꿔줘. 챗GPT가 얼마나 요물인지 확인해 봐.

네 번째 칸, 이미지(image). 챗GPT로 만든 이미지를 넣는 거야. 이미지를 다운받아. 챗GPT가 만든 이미지에 마우스를 가져가면 우측 상단에 화살표가 나와. 그걸 누르면 다운로드가 되는 거야. 이런 것까지 얘기해 주면 안 되는 거 알지? 이렇게 쉽게 돈이 벌리면 안 되는 거잖아. 님들이 직접 해봐야 해. 책만 읽어서는 안 된다고. 대신 겁먹지 마. 이 정도 작업하는 데 챗GPT는 공짜로 써도 충분히 가능해. 돈 안 들어. 시간 약간 들어. 영어 겁내지 마. 챗GPT가 다 해줘. 님들은 뭘 고민한다? 다른 사람들이 이 밈코인을 좋아할까만 고민해야 해. 사람들의 눈을 봐. 눈을 잘 관찰해. 나머지는 챗GPT한테 시켜. 주저함 없이 시켜. 돈 안 들어.

파일까지 넣었으면 끝인가? 아니. 네 번째 칸 바로 밑에 '쇼 모어 옵션'(Show more options) 이라는 단추가 있어. 그걸 눌러 봐.

twitter link

(optional)

telegram link

(optional)

website

(optional)

Tip: coin data cannot be changed after creation

트위터, 그러니까 엑스지. 텔레그램, 인터넷 홈페이지 웹사이트 주소를 넣게 돼 있어. 이게 다 뭐야? 내가 뭐라고 할지 알지. 이렇게 쉽게 돈이 벌리면 안 되는 거잖아. 만들고자 하는 밈코인을 자랑질하는 엑스, 텔레그램방, 홈페이지를 만들어서 그 주소를 넣으라는 거야. 이걸 다 어떻게 만들어? 답 알지. 엑스 계정 여는 거, 텔레그램방 만드는 거, 홈페이지 만드는 거는 그에 해당하는 책이나, 인터넷 검색을 해서 찾아봐. 이건 꼭 필요한 건 아니야. 그래서 옵션이지. 그런데 있어야 해. 밈코인을 확산시키고 퍼뜨리려면 당연히 SNS가 있어야 해. 그러니까 미리 엑스, 텔레그램방, 홈페이지를 만들어야겠지. 돈은 쉽게 벌리지 않아. 이 정도 노력은 해야 해.

다 했네. 끝. 크리에잇 코인(create coin)을 누르면 수수료를 내라고 할 거고, 아까 연결해 둔 지갑에서 대략 0.02SOL, 한국 돈으로 5000원 정도의 수수료가 나갈 거야.

3

밈코인을 만들었으면
팔아야지

밈코인을 만들었으면 팔아야지. 손님을 불러모아야지. 펌프
펀이 그 일을 다 해줘. 일단 밈코인을 만들면 펌프펀은 밈코인 개수
를 자동으로 8억 개를 만들어. 우아, 내가 8억 개 코인의 주인이 되는
거야.

밈코인을 클릭하면, 이런 화면이 떠. 밈코인을 사고파는 화면

이야. 사는 사람이 많아지면 밈코인 가격이 오르겠지. 그럼 이 밈코인의 시가총액도 점점 더 오를 거야. 펌프펀은 시가총액이 3만 달러가 되면 킹 오브 더 힐(king of the hill)이라는 곳에 해당 코인을 올려 줘. 펌프펀 사이트 한가운데 가장 잘 보이는 자리야. 얘는 가능성이 있는 놈이야. 밈코인 기획자들은 이 자리에 자기 밈코인이 올라갈 수 있도록 최선을 다해. 어떻게? 별짓을 다 해.

앞서 말한 펌핑도 불사해. 여러 계정과 여러 지갑으로 특정 밈코인을 계속 샀다가 팔았다가 하면서 가격을 올리는 거야. 이걸 사람이 안 하고 기계가 하기도 해. 봇(Bot)이라는 걸 써. 밈코인 봇, 이렇게 검색을 해보면 유명한 봇들이 떠. 대표적인 게 트로잔 봇(Trojan Bot)이야. 이걸 어떻게 쓰는지는, 알지? 이렇게 쉽게 돈이 벌리면 안 되는 거잖아. 님들이 이건 공부를 하자. 이 책은 밈코인을 만드는 것까지만 얘기하는 걸로. 펌핑은 그 자체로 책을 하나 써도 되는 심오한 세계야. 출판사가 그러는데 이 책이 잘되면 후속편으로 펌핑에 대한 책을 쓰자네. 님들은 이 책이 잘되기를 빌어야 해.

어찌어찌 킹 오브 더 힐에 도달했다면, 그럼 중요한 고비를 넘긴 거야. 여기서 더 나아가서 밈코인 시가총액이 6만 9000달러에 도달하면, 님이 만든 밈코인은 레이디움(Raydium)이라는 더 큰 시장으로 옮겨져! 리그 승격이야. 1부 리그에서 뛰는 거라고. 레이디움은 암호화폐 거래소야. 하루 거래량이 수억 달러가 되는 큰 시장. 솔라나 블록체인 기반이고, 솔라나 기반의 밈코인도 여기서 많이 거래가 돼.

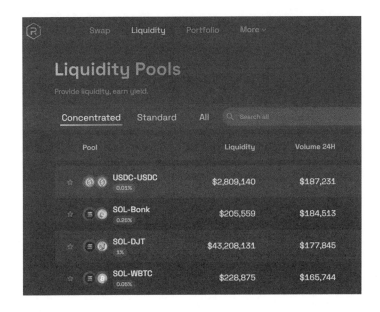

솔라나 블록체인의 최고 히트작인 봉크가 보이네. 만약 독자님이 만든 밈코인이 레이디움에 진출했다면, 댁은 이미 부자야.

4

극락과 나락 사이,
라이브스트림

근데, 근데 말이지, 돈이 그렇게 쉽게 벌리면 안 되는 거잖아. 킹 오브 더 힐에 어떻게 올라가고, 레이디움까지 어떻게 가냐고? 가만히 있으면 누가 알아서 올려주나. 아니지. 그래서 펌프펀에는 자기 밈코인을 홍보하는 코너가 별도로 있어. 사람들한테 어필하는 곳이지.

독자님이 만든 밈코인을 클릭하면 차트가 나오고 우측 상단에 보면 라이브스트리밍(create livestrea) 단추가 나와. 이걸 누르면 실시간 방송을 하면서 밈코인을 홍보할 수 있어. 앞에서 어떤 남자애가 밈코인을 만들었는데, 그 엄마가 라이브 방송에서 가슴을 노출하는 사고를 쳤다고 했잖아. 미국에서는 밈코인 라이브 방송을 전문으로 하는 SNS가 여럿 있어. 방송 중에 밈코인 가격이 대폭락해서 코인 기획자가 멘붕이 온 사례도 얘기했지. 라이브 중에 그런 일들이 벌어

pump.fun ✔ @pumpdotfun · May 29   ···
How does it work?

It's simple

1. create a coin as usual (or revisit an older coin you created)
2. once the coin is live, click on the [create livestream] button, which is right above your coin's chart
3. the livestream popup should show now. say hi to yourself 👋

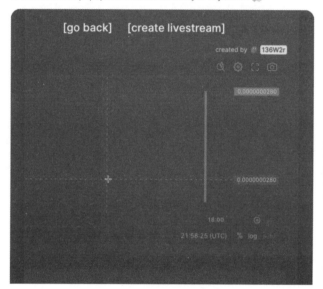

진다고. 펌프펀에서는 상상할 수 있는 거의 모든 방법으로 밈코인 가격을 띄우기 위해 애를 써. 그래야 킹 오브 힐에 오르고, 레이디움으로 승격도 노려볼 수 있어.

5

끊임없이 시도하기

밈코인 시총이 6만 9000달러가 되면 레이디움에서 도약을 꿈꿀 수 있어. 봉크처럼 솔라나 재단의 전폭적인 지지와 협력을 통해 세계적인 밈코인이 될 수도 있는 거지. 글로벌 밈코인으로 성장하려면 더 큰 노력과 더더더더 큰 우연이 필요하겠지.

밈코인 세계관을 펼칠 수 있는 이벤트를 엑스, 텔레그램, 홈페이지에서 수시로 열어. 그러다가 머스크 같은 후원자를 만나면 도지코인처럼 진짜 달나라로 가는 거지.

도지코인을 숭배하는 어떤 커뮤니티 멤버들은 실제로 도지코인을 로켓에 실어서 달로 보낼 계획을 세웠어. 도지코인을 모금해서 로켓을 임대하려는 거야. 만약 독자님이 그런 기회를 갖게 되면 이미 억만장자일 테지.

각 단계를 통과해서 내가 당당하게 밈코인의 주인이 됐다고

달에서는 어떤 화폐를 쓸까요? 저 어떠세요, 도지! 이름도 얼굴도 재밌지 않나요?

해도, 지속적인 관리가 필요하기는 해. 커뮤니티를 계속 넓혀가고, 이벤트를 만들고, 밈코인의 세계관을 확장시켜야 더 오래, 더 멀리, 더 높이 갈 수 있으니까.

충격적인 이벤트도 마다하지 않아. 마지막으로 이기의 마더 밈코인 얘기를 하나 더 해줄게. 이기는 랩퍼고, 대중에게 어필하는 걸 밥벌이로 하는 연예인이니까, 보통의 밈코인 제작자들이 이기를 그대로 따라할 수는 없을 거야. 근데 이기의 전략은 밈코인 생태계가 돌아가는 전형적인 사례이기도 해.

이기가 2024년 9월 싱가포르에서 성대한 파티를 열었어. 파티의 주제는 자신의 마더 밈코인을 홍보하고, 알리는 거지. 이 파티에 대해 자신이 직접 엑스에 영상과 사진을 올리기도 했어. 모조리 19금이야.

거의 옷을 걸치지 않은 댄서 30여 명과 특유의 퍼포먼스를 해. 파티 참석자들은 열광하지. 달러 지폐를 날리면서 질펀하게 놀아. 참가자 일부가 도저히 눈 뜨고 보지 못할 영상을 엑스에 올렸어. 암호화폐 커뮤니티가 발칵 뒤집혔어. 어떻게 저렇게 문란하고, 선정적인 파티를 열 수 있으냐며. 일부에서는 이기가 댄서들을 학대한 거나 마찬가지라고 비판했지.

이기는 이런 비판에 대해 이렇게 말해. "밈코인 커뮤니티에서

하는 파티를 많이 봤다. 그런데 너무 식상하다. 더 많은 엉덩이가 필요해~~~."

마더 밈코인은 모든 가식적인 것을 깨부순다는 의미가 있어. '세상 사람들이 다 돈을 좋아하지 않냐, 나는 더 많은 돈을 벌 거야' 이게 이기의 랩 가사 중 한 구절이야. 많은 사람들이 난장을 즐기고 싶지 않냐, 기회만 주어진다면 일탈을 꿈꾸지 않냐, 나는 당신들의 그 욕구를 알고 있다는 거지.

난 이기의 파티 영상을 보고 구역질을 할 뻔했어. 동시에 정신이 번쩍 들었지. 주변을 한번 보자고. 아닌 척, 고상한 척, 도덕책에 등장할 얘기만 하는 분들보다는 이기가 훨씬 솔직하지 않아? 이기의 전략, 마더 밈코인의 전략이 바로 그거야. 소란과 논란. 그야말로 지랄을 하고 자빠지는 거지.

어때? 밈코인의 혼란에 동참해 볼텨?

나는 주사위 놀이를 한다

내가 롤렉스를 좋아하는 이유는 세 가지야.

첫째, 멋있다.

둘째, 돈이 된다.

셋째, 눈먼 시계공을 추억한다.

롤렉스가 1년에 정확하게 몇 개나 생산되는지 믿을 만한 통계가 없어. 롤렉스도 발표를 안해. 사람들이 추측을 할 뿐이야. 수십 만 개에서 100만 개까지, 다들 답이 달라. 그래도 롤렉스 매출은 통계가 있어. 2023년에 13조 5711억 원이야. 기존에 생산된 롤렉스 시계를 거래하는 시장 규모는 110억 달러, 우리 돈으로 15조 원이거든. 지구상에서 롤렉스가 창출하는 시장은 28조 원 이상이야. 시계 단일 품목으로 말야.

롤렉스는 생산량을 크게 늘리지 않아. 2차 시장에서 값을 떨어뜨리지 않으려는 거야. 롤렉스는 현금이나 같아. 파격적인 새로운 디자인을 마구마구 내놓지도 않아. 아주 미세하게 2퍼센트 정도 디자인을 수정하지. 스페셜 에디션이라는 명목으로. 그런 놈들은 부르는 게 값이야. 2퍼센트씩 누적된 점진적인 변화가 28조 원이 넘는 시장을 만든 거야. 애쓰지 않아. 힘쓰지 않아. 느리게 느리게 명성을 이어 가. 명품의 전략이야. 눈먼 시계공 전략이라고.

진화론은 법칙이 아냐. 그래서 이름도 '론'이야. 질량불변의 법칙, 만유인력의 법칙, 열역학 법칙에는 다 법칙이 붙지. 그런데 진화법칙이라고는 안 해. 진화를 실험으로 재현하는 게 사실상 어렵기 때문이야. 법칙이 붙은 것들은 이론적으로 예측한 후에 실험으로 확인할 수 있어. 진화는 실험실 단위에서 아주 작은 규모로는 해볼 만하지만, 찜찜해. 이빨이 있고 날개가 있는 시조새가 아름다운 황새의 조상이라는 걸 실험으로 재현하려면 수만 년, 수십만 년, 수백만 년이 필요해. 그래서 론이야. 진화론을 지구 단위에서 디지털 방식으로 체험할 수 있는 게 밈이고.

진화론의 핵심은 2퍼센트의 차이가 누적되어 생물을 다양하게 만들고, 그 다양성에서 찬란한 생명 나무가 만들어진다는 거야. 단세포 생물부터 인간에 이르는 전체 생명을 아우르는 거대한 생명 나무 말야. 단세포는 하등하고, 인간은 고등하다는 개념이 아냐. 가장 단순한 것과 고도로 복잡한 것이 공존한다는 뜻이야. 진화는 하나의 단순함이 2퍼센트라는 작은 차이를 긴 시간 동안 누적함으로써 거대한 복잡함을 만들어 냈다고 주장해. 밈이 그걸 증명해. 왜 도지코인은 살았고, 도지코인과 유사한 시기에 등장한 다른 밈코인은 죽었지? 도지코인의 모델이 된 강아지가 이뻐서? 왜 그걸 사람들은 이쁘다고 느꼈지? 모른다니까. 그냥 우연이야. 진화론으로 설명하면, 도지코인은 다른 밈코인보다 2퍼센트 정도 사람들을 잡아끄는 힘이 더 있었던 거야. 그 2퍼센트가 뭔지는 콕 집어 얘기하지 못해. 하지만 도지코인은 그것 때문에 살았어.

모든 것을 계획하고 실행하는 신은 없어. 아인슈타인은 "신은 주사위 놀이를 하지 않는다"고 했는데, 틀렸어. 주사위가 신이야. 우리의 삶은 우연적인 것들의 집합이야. 노력하고, 공부하고, 이해하고, 함께하려는 태도가 인생의 승패를 갈라. 하지만 노력과 이해만으로는 안 돼. 출발선이 다르고, 출발선이 다르면 결과도 아주 높은 확률로 달라지기 마련이니까. 사람들은 출발선이 같지 않아. 불평등해. 실패한 사람들한테 '너는 왜 노력하지 않았니'라고 다그치는 건 2차 가해야.

인생은 눈먼 시계공이 만드는 스위스 명품 시계야. 앞이 보이지 않는 시계공이 이렇게 저렇게 톱니바퀴를 맞추다가 최초의 롤렉스를 만들었어. 시간이 하나도 맞지 않는 엉터리 시계야. 또 다른 눈먼 시계공이 약 2퍼센트 정도 개선된 롤렉스 2세를 만들었어. 롤렉스 3세는 2세보다 약 2퍼센트 좋아졌어. 이렇게 천 세대를 거친 게 지금의 롤렉스야. 롤렉스는 우연의 산물이야. 밈코인으로 성공하고 싶어? 이전에 만든 것보다 2퍼센트만 개선해 봐. 주변 사람들의 눈을 봐. 그들이 욕망하는 것을 2퍼센트만 반영해 봐. 1000번을 하면 님은 도지코인 같은 글로벌 밈코인 기획자가 될 거야.

밈코인 한 개를 만드는 데 펌프펀에서는 10분이면 족해. 1000번 시도하면 1만 분이야. 대략 1주일이지. 진화를 보고 싶어? 밈코인으로 1000세대를 재현해 보면 돼. 밈은 디지털 DNA니까.

인생 역전 대박 코인 레퍼토리

밈코인 하고 자빠졌네

초판 1쇄 인쇄 2024년 10월 10일
초판 1쇄 발행 2024년 10월 17일

지은이 눈먼시계공
발행인 선우지운

편집 이주희
표지디자인 공중정원
본문디자인 박선향
마케팅 김단희
제작 예인미술

출판사 여의도책방
출판등록 2024년 2월 1일(제2024-000018호)

이메일 yidcb.1@gmail.com
ISBN 979-11-989442-0-7 03320